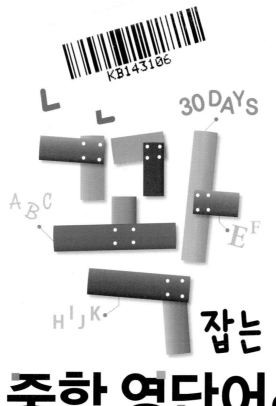

KB143106

30 DAYS

A B C · E F

H I J K ·

꼭 잡는

중학 영단어에

빠져라!

Basic

교육의 길잡이 · 학생의 동반자

(주)교학사

Structures and Features

1. 수능에서 가장 많이 나오는 중학 영단어가 뭘까?

중학 영단어 중에서 수능에서 가장 많이 나오는 단어가 무엇일까요? 그 다음에 많이 나오는 단어는? 또 그 다음은 ....
영어 단어장에 나와 있는 대로 무조건 외우는 기존의 영단어 책보다 이렇게 수능에서 많이 출제되는 영단어부터 순서대로 암기한다면 학습 동기가 높아져 단어 익히기가 재미있겠지요?.

● Preview Check 오늘 학습할 낱말입니다. 이미 자신이 알고 있는 낱말에 ✔해 봅시다.

☐ have	☐ well	☐ will	☐ how
☐ all	☐ many	☐ but	☐ so
☐ do	☐ people	☐ can	☐ if
☐ up	☐ and	☐ or	☐ as
☐ get	☐ what	☐ when	☐ than

수능출제랭킹

Basic

001

have
[hæv]

통 had - had ~을 가지고 있다, ~이 있다
● I have two brothers. 나는 형이 둘 있다.

002

all
[ɔːl]

형 모든 부 완전히, 온통
● All the students studied hard. 모든 학생들은 열심히 공부했다.

2. 예문이 쉬운 영단어 책, 어디 없나요?

영단어 책에서 예문을 보는데 어려운 단어가 나오면? 어려운 단어가 하나도 아니고 둘 이상 나온다면? 그 단어들의 뜻을 더 알아야 하니 짜증이 났던 적이 많이 있지요? 제시 단어의 의미 파악에만 집중할 수 있도록 예문을 쉽게 만든 영단어 책, 이거 중요합니다. 하나 더, 앞에서 배운 낱말이 조금 뒤 예문에서 다시 나오는 나선형 구조로 예문을 실었으므로 복습이 저절로 됩니다.

수능출제랭킹

Intermediate

029

some
[sʌm]

형 약간의, 몇몇의
● I need some money. 나는 약간의 돈이 필요하다.

030

take
[teik]

통 took - taken ① 꺼내다, 가지고 가다 ② 타다 ③ 시간이 걸리다
● My mom took a dish from the shelf.
나의 엄마는 선반에서 접시를 꺼냈다.
● I need a shower. I won't take long.
난 샤워를 해야 해. 오래 걸리지 않을 거야.
*take part in ~에 참가하다
*take place 일어나다, 열리다
*take A to B A를 B로 데리고 가다

031

3. 일일 단어 학습을 수준별로 한다면?

기존의 영단어 책의 일일학습은 쉽거나 어려운 단어가 20~30개 섞여 있는 것을 외우게 하고 있지요. 이렇게 단어 학습을 하면 엄청 지루해서 며칠 하다가 그만 두게 되는 경험이 한두 번쯤 누구나 있을 거예요. 하지만 일일 학습 단어를 수준별로 구성하면 지루함을 훨씬 덜 수 있을 뿐만 아니라 쉬운 수준을 먼저 공부한 후, 그 다음에 중간 수준을 공부하는 등 단어 공부를 여러 가지 방법으로 재미있게 할 수 있어요.

4. 두껍고 어려운 영단어 책은 가라!

30일만에 끝내는 얇은 영단어 책, 여기 있어요.

중간, 기말고사에 반드시 나오는 다의어, 반의어, 동의어, 파생어, 영영풀이어 등 수록

오늘의 일일 단어 학습을 하기 전에 자기 자신이 그 중에서 얼마나 알고 있는지 확인해 보는 준비 학습 코너

다양한 문제를 통해 학습한 어휘를 확인할 수 있는 Review Check 수록

Contents

이 책에서 사용되는 약어

명 명 명사   대 대명사

동 동 동사   형 형 형용사

부 부 부사   전 전치사

접 접속사   감 감탄사

동 동의어   반 반의어

유 유의어   복 복수형

합 합성어   참 참고

Day 01~30

권장 학습 방법

1. 먼저 **Preview Check**의 낱말을 보면서 자신이 이미 알고 있는 낱말에 체크해 본 후, 본문을 보면서 그 낱말의 뜻을 꼼꼼하게 확인해 본다.

2. **Basic**에 있는 모르는 낱말의 뜻을 집중해서 학습하고 그 예문도 익힌다. MP3를 들으면서 익히면 학습 효과가 더욱 좋아진다. 그 다음에 **Intermediate**와 **Advanced**를 Basic에서처럼 차례차례 학습한다.

3. **Preveiew Check**에서 자신이 알고 있는 낱말을 다시 체크해 본 후 아직 잘 모르는 낱말을 본문에서 다시 학습한다.

4. 이번에는 **Review Check**에 도전한다. 채점해 본 후 틀린 낱말을 골라내어 본문에서 다시 학습한다.

5. 새 일일학습을 하기 전에 이전 일일학습의 Preview Check를 보면서 모르는 낱말을 체크해 본 후 그 뜻을 본문에서 다시 익힌다.

Day 01

● **Preview Check** 오늘 학습할 낱말입니다. 이미 자신이 알고 있는 낱말에 ✔해 봅시다.

☐ have	☐ well	☐ will	☐ how
☐ all	☐ many	☐ but	☐ so
☐ do	☐ people	☐ can	☐ if
☐ up	☐ and	☐ or	☐ as
☐ get	☐ what	☐ when	☐ than

^{수능 출제 랭킹} **Basic**

001

have
[hæv]

동 had - had ~을 가지고 있다, ~이 있다
- I **have** two brothers. 나는 형이 둘 있다.

002

all
[ɔːl]

형 모든 부 완전히, 온통
- **All** the students studied hard. 모든 학생들은 열심히 공부했다.
- She was **all** alone in the park. 공원에는 완전히 그녀뿐이었다.

003

do
[duː]

동 did - done ~을 하다
- **Do** your homework right now. 지금 너의 숙제를 해라.
- ***do** good 도움이 되다, 이롭다

004

up
[ʌp]

부 위쪽으로 전 위로 반 down 아래쪽으로
- He jumped **up** from his chair. 그가 의자에서 벌떡 일어섰다.

005

get
[get]

동 got - got/gotten ① ~을 얻다 ② 도착하다 ③ ~이 되다
- What time did you **get** home? 너는 몇 시에 집에 도착했니?
- It will **get** cold tomorrow. 내일은 추워질 거야.

006

well
[wel]

부 better - best 잘, 좋게 형 건강한, 상태가 좋은
- He speaks English **well**. 그는 영어로 말을 잘 한다.

---

007 **many**
[méni]

형 more - most **수가 많은** 통 a lot of, 반 few
- There were many cars in a city. 도시에는 차가 **많았다**.

008 **people**
[píːpl]

명 ① 사람들 ② 국민, 민족
- Many people were surprised at the news.
  많은 사람들은 그 소식에 놀랐다.

수능
출제
랭킹

Intermediate

009 **and**
[ænd]

접 ① ~와, 그리고 ② 그러면
- I have a cat and a dog. 나는 고양이와 개가 있다.

010 **what**
[hwɑt]

대 무엇, 몇 형 어떤, 무슨
- What is your name? 네 이름이 뭐니?

011 **will**
[wil]

조 ~일 것이다, ~할 것이다
- She will become very rich. 그녀는 매우 큰 부자가 될 것이다.

012 **but**
[bʌt]

접 그러나
- I went to a store but it was closed.
  나는 가게에 갔다. 그러나 문이 닫혔다.

013 **can**
[kæn]

조 ~할 수 있다 명 깡통, 통조림
- I can run fast. 나는 빨리 달릴 수 있다.
- Don't throw away empty cans. 빈 깡통을 버리지 마세요.

014 **or**
[ɔːr]

접 ① 또는, 아니면 ② 그렇지 않으면
- Is it a boy or a girl? 아들이에요 아니면 딸이에요?
- Run fast, or you'll be late. 뛰어. 그렇지 않으면 지각할 거야.

015 **when**
[hwen]

부 언제 통 what time
- When do you show the movie? 영화 언제 상영합니까?

016 **how**
[hau]

부 어떻게
- How does it work? 그것은 어떻게 작동하나요?

7

017

so
[sou]

‖부‖ 그렇게, 대단히, 정말 ‖접‖ 그래서
- I'm so glad to see you. 당신을 뵙게 돼서 대단히 기뻐요.
- I'm tired, so I will go to bed soon.
  나는 피곤하다. 그래서 곧 잠자리에 들 것이다.

018

if
[if]

‖접‖ 만약 ~하면
- If you have time, please help me.
  만약 시간이 있으면, 저를 도와주세요.

019

as
[æz]

‖전‖ ① ~처럼 ② ~로(서) ‖접‖ ~ 때문에
- Treat me as a friend. 나를 친구로 대해 줘.
- I can't watch TV as I'm busy. 나는 바쁘기 때문에 TV를 볼 수 없다.

020

than
[ðæn]

‖접‖ ~보다
- I can run faster than my brother.
  나는 나의 형보다 빨리 달릴 수 있다.

중간기말에 꼭 나오는 다의어

like

1. ~을 좋아하다
- What kind of bread do you like?
  너는 무슨 종류의 빵을 좋아하니?

2. ~과 같은, ~처럼
- The child talks like a man. 그 아이는 어른처럼 말한다.

book

1. 책
- There are many books in the library.
  도서관에는 책들이 많다.

2. 예약하다
- I'd like to book a table for two.
  두 사람을 위한 테이블을 예약하고 싶어요.

have

1. 가지다, 있다
- Ella has two brother. 텔라는 오빠가 둘이 있다.

2. 먹다, 마시다
- Let's have lunch together. 함께 점심을 먹자.

A. 다음 낱말의 우리말 뜻을 쓰시오.

1. have _____
2. many _____
3. how _____
4. all _____

5. people _____
6. can _____
7. but _____
8. and _____

B. 우리말과 같은 뜻의 영어 낱말을 쓰시오.

1. 또는 _____
2. 잘 _____
3. ~을 하다 _____
4. 위로 _____

5. ~일 것이다 _____
6. 그래서 _____
7. 얻다 _____
8. 아래로 _____

C. 다음 우리말과 뜻이 같도록 문장을 완성하시오.

1. 너의 생일은 언제니?

   = _____ is your birthday?

2. 나는 Ella보다 나이가 더 많다.

   = I'm older _____ Ella.

3. 나는 작년에 많은 책을 읽었다.

   = I read _____ books last year.

4. 네가 시간이 있다면 나 좀 도와줘.

   = _____ you are free, please help me.

5. 당신 아버지의 직업은 무엇입니까?

   = _____ is your father's job?

6. 나는 피곤했기 때문에 일찍 잤다.

   = _____ I was tired, I went to bed early.

Day 02

● **Preview Check** 오늘 학습할 낱말입니다. 이미 자신이 알고 있는 낱말에 ✔해 봅시다.

☐ like	☐ go	☐ who	☐ which
☐ time	☐ work	☐ see	☐ then
☐ good	☐ want	☐ think	☐ other
☐ new	☐ some	☐ know	☐ just
☐ out	☐ take	☐ right	☐ too

수능 출제 랭킹

Basic

021

like
[laik]

통 ~을 좋아하다   전 ~과 같은
- Everyone likes him. 모든 사람이 그를 좋아한다.
- I can't play the piano like you. 난 너처럼 피아노를 칠 수 없어.

022

time
[taim]

명 시간
- What time is it now? 지금 몇 시입니까?
  *at that time 그때에
  *all the time 항상(=always)
  *for a long time 오랫동안

023

good
[gud]

형 better - best **좋은, 훌륭한**   동 nice, 반 bad 나쁜
- Ella and Alice are good friends. 엘라와 엘리스는 좋은 친구이다.
  *be good at ~을 잘하다

024

new
[nju:]

형 새로운   반 old 오래된
- My uncle will buy a new car. 나의 삼촌은 새 차를 살 것이다.

025

out
[aut]

부 밖으로, 멀리   전 ~ 밖으로
- Let's go out this evening. 오늘 저녁에 외출하자.

026

go
[gou]

동 went - gone **가다**   반 come
- My dad went to America. 아빠는 미국에 가셨다.

027

work
[wəːrk]

동 ① 일하다 ② 작동하다　명 일, 작품
- Emma works from Monday to Friday.
  Emma는 월요일부터 금요일까지 **일한다**.

028

want
[wʌnt]

동 원하다, 바라다
- I want a yellow bag.　나는 노란색 가방을 **원해요**.

Intermediate

029

some
[sʌm]

형 약간의, 몇몇의
- I need some money.　나는 **약간의** 돈이 필요하다.

030

take
[teik]

동 took - taken ① 꺼내다, 가지고 가다 ② 타다 ③ 시간이 걸리다
- My mom took a dish from the shelf.
  나의 엄마는 선반에서 접시를 **꺼냈다**.
- I need a shower. I won't take long.
  난 샤워를 해야 해. 오래 **걸리지** 않을 거야.

*take part in ~에 참가하다
*take place 일어나다, 열리다
*take A to B A를 B로 데리고 가다

031

who
[huː]

대 누구
- Who is that girl?　저 소녀는 **누구**니?

032

see
[siː]

동 saw - seen ① ~을 보다 ② 만나다 동 meet ③ 이해하다
　동 understand
- We can see Seoul Tower from here.
  우리는 여기에서 서울타워를 **볼** 수 있다.

033

think
[θiŋk]

동 thought - thought 생각하다
- I think he is a good singer.　나는 그가 훌륭한 가수라고 **생각한다**.

034

know
[nou]

동 ~을 알다, 알고 있다
- Do you know his name?　너는 그의 이름을 **아니**?

035

right
[rait]

형 ① 오른쪽의 반 left 왼쪽의 ② 올바른 반 wrong 틀린 명 오른쪽
- Show me your right hand.　**오른손**을 보여주세요.
- The library is on your right.　도서관은 당신의 **오른쪽**에 있어요.

036

which
[hwitʃ]

대 어느 것 형 어느
- Which do you like better, milk or juice?
  너는 우유와 주스 중에서 **어느 것**을 더 좋아하니?

037
then
[ðen]

부 ① 그때 ② 그 다음에, 그러더니
● It was raining then. 그때 비가 오고 있었다.

038
other
[ʌ́ðər]

형 다른 대 다른 사람, 다른 것
● Would you like to try other T-shirts?
다른 티셔츠를 입어보지 그래?

039
just
[dʒʌst]

부 막, 방금, 딱
● It's just six. 딱 6시이다.

040
too
[tuː]

부 ① ~도, 또한 동 also ② 너무
● She likes cats, too. 그녀는 고양이도 좋아한다.
● Try not to think too much. 너무 많이 생각하지 마세요.

중간기말에 꼭 나오는 다의어

right

1. 오른쪽, 오른쪽의 반 left 왼쪽(의)
● Keep on the right side of the road.
도로 오른쪽으로 계속 붙어 가시오.
2. 올바른 반 wrong 틀린
● That's right. 그게 맞아.
3. 권리
● Everyone has a right to live freely.
모든 사람은 자유롭게 살 권리가 있다.

take

1. 꺼내다, 가지고 가다, 데리고 가다
● He took his son to the park. 그는 아들을 공원으로 데리고 갔다.
2. 타다
● take a bus / plane / train 버스, 비행기, 기차를 타다
3. 시간이 걸리다
● It takes about half an hour to get to the airport.
공항까지 가는 데는 약 30분이 걸린다.

work

1. 일하다, 일
● I have just finished my work. 나는 일을 막 끝마쳤다.
2. 작동되다
● This computer doesn't work. 이 컴퓨터는 작동되지 않는다.
3. 효과가 있다
● This medicine doesn't work. 이 약은 효과가 없다.

A. 다음 낱말의 우리말 뜻을 쓰시오.

1. like ＿＿＿＿＿＿＿＿＿
2. some ＿＿＿＿＿＿＿＿＿
3. time ＿＿＿＿＿＿＿＿＿
4. know ＿＿＿＿＿＿＿＿＿

5. think ＿＿＿＿＿＿＿＿＿
6. work ＿＿＿＿＿＿＿＿＿
7. other ＿＿＿＿＿＿＿＿＿
8. see ＿＿＿＿＿＿＿＿＿

B. 우리말과 같은 뜻의 영어 낱말을 쓰시오.

1. 좋은 ＿＿＿＿＿＿＿＿＿
2. 새로운 ＿＿＿＿＿＿＿＿＿
3. 가다 ＿＿＿＿＿＿＿＿＿
4. 그때 ＿＿＿＿＿＿＿＿＿

5. 오른쪽 ＿＿＿＿＿＿＿＿＿
6. 데려가다 ＿＿＿＿＿＿＿＿＿
7. 원하다 ＿＿＿＿＿＿＿＿＿
8. 방금 ＿＿＿＿＿＿＿＿＿

C. 우리말과 같은 뜻의 어구를 완성하시오.

1. 휴식을 취하다 = ＿＿＿＿＿＿ a rest
2. 항상(always) = all the ＿＿＿＿＿＿
3. 지금 당장 = ＿＿＿＿＿＿ now

D. 다음 우리말과 뜻이 같도록 문장을 완성하시오.

1. 누가 이 기타를 치나요?

   = ＿＿＿＿＿＿ plays this guitar?

2. 화창한 날씨에요. 밖으로 나갑시다.

   = It's a sunny day. Let's get ＿＿＿＿＿＿.

3. 우체국은 어느 쪽입니까?

   = ＿＿＿＿＿＿ way is the post office, please?

4. 아뇨, 그것은 너무 높아요.

   = Oh no, that's much ＿＿＿＿＿＿ high.

Day 03

● **Preview Check** 오늘 학습할 낱말입니다. 이미 자신이 알고 있는 낱말에 ✔해 봅시다.

☐ help	☐ here	☐ world	☐ buy
☐ need	☐ very	☐ also	☐ use
☐ make	☐ look	☐ why	☐ only
☐ day	☐ really	☐ way	☐ much
☐ now	☐ should	☐ great	☐ because

수능
출제
랭킹
Basic

041
help
[help]

통 돕다 명 도움 → helpful 형 도움이 되는
- I helped my mother last Sunday.
  나는 지난 일요일에 엄마를 도왔다.
- Thank you for your help. 도와주서서 감사입니다.

042
need
[niːd]

통 필요하다 명 필요성
- Do you need some water? 물이 좀 필요하세요?

043
make
[meik]

통 made - made ① 만들다 ② ~이 되다
- The news made him glad. 그 소식은 그를 기쁘게 만들었다.
- She will make a good teacher. 그녀는 좋은 교사가 될 거야.

044
day
[dei]

명 ① 하루, 날 ② 요일
- A week has seven days. 한 주간은 7일이다.
- What day is it today? 오늘이 무슨 요일이지?

045
now
[nau]

부 지금, 이제
- Where are you living now? 당신 지금은 어디에 사세요?

046
here
[hiər]

부 여기에(서) 명 여기
- Is there a bank here? 여기에 은행이 있어요?

047
very
[véri]

부 매우
- My brother is very tall. 나의 오빠는 키가 매우 크다.

14

048

look
[luk]

동 보다, 보이다
- David looks young. David는 어려 보인다.

Intermediate

049

really
[ríəli]

부 실제로   동 truly
- He looks young, but really he's old.
  그는 어려보이지만 실제로는 나이가 들었다.

050

should
[ʃud]

조 ~ 해야 하다   동 have to
- You shouldn't drink and drive.
  당신은 음주 운전은 하지 말아야 한다.

051

world
[wə:rld]

명 세계, 세상
- The scientist is known all over the world.
  그 과학자는 전 세계에 걸쳐 알려져 있다.

  *all over the world 전 세계적으로

052

also
[ɔ́:lsou]

부 ~도, 또한   동 too
- She can also speak Chinese. 그녀는 중국어도 한다.

053

why
[hwai]

부 왜
- Why did he go to China? 그는 왜 중국에 갔니?
  *Why don't you ~? ~하는 게 어때?

054

way
[wei]

명 ① 방법 ② 길
- Do it this way. 이런 방법으로 해봐요.
  *by the way 그런데
  *lose one's way 길을 잃다

055

great
[greit]

형 위대한, 엄청난
- Ella is a great pianist. Ella는 위대한 피아니스트이다.

056

buy
[bai]

동 bought - bought 사다   동 get, 반 sell 팔다
- Mom bought me a nice bike.
  엄마께서 내게 멋진 자전거를 사주셨다.

057

use
[ju:z]

동 사용하다, 이용하다   명 [ju:s] 사용, 이용
- You can use this computer. 너는 이 컴퓨터를 사용할 수 있다.
  *make use of ~을 이용하다
  *get used to+(동)명사 ~에 익숙하다

058

only
[óunli]

형 유일한, 단 하나의 부 단지 ~만, 오직
- You're my only friend. 너는 나의 유일한 친구이다.
- I only slept for two hours last night.
  나는 단지 2시간밖에 못 잤다.

*not only A but also B A뿐만 아니라 B도

059

much
[mʌtʃ]

형 more - most 양이 많은 동 a lot of, 반 little 부 매우, 훨씬
- I don't have much money today. 나는 오늘 돈이 많이 없다.

060

because
[bikɔ́ːz]

접 ~ 때문에
- I am hungry because I haven't had lunch.
  나는 점심을 먹지 않았기 때문에 배가 고프다.

중간기말에 꼭 나오는 다의어

good	1. be good at ~을 잘하다 • Emma is good at drawing pictures. Emma는 그림을 잘 그린다. 2. do good 도움이 되다, 이롭다 • She tries to do good by helping poor people. 그녀는 가난한 사람들을 도우며 도움이 되려고 노력한다.
look	1. look at ~을 보다, 살피다 • And then, look at the walls. 그 다음에, 벽들을 보세요. 2. look for ~을 찾다 • I am looking for my lost watch. 나는 나의 잃어버린 시계를 찾고 있다. 3. look after ~을 돌보다, 건사하다 동 take care of • Who will look after the kid tomorrow? 내일 누가 그 아이를 돌볼래요?
take	1. take A to B A를 B로 데리고 가다 • She took her brother to the zoo. 그녀는 그녀의 남동생을 동물원으로 데려갔다. 2. take part in ~에 참가하다 • Many students took part in the meeting. 많은 학생들이 그 모임에 참석했다. 3. take place 일어나다, 개최하다 • The concert will take place on May 4. 그 연주회는 5월 4일에 열릴 것이다. 4. take a walk 산책하다 • I take a walk after dinner. 나는 저녁을 먹은 후 산책을 한다.

A. 다음 낱말의 우리말 뜻을 쓰시오.

1. help _____
2. buy _____
3. need _____
4. much _____

5. make _____
6. look _____
7. use _____
8. day _____

B. 우리말과 같은 뜻의 영어 낱말을 쓰시오.

1. 실제로 _____
2. 세계 _____
3. 위대한 _____
4. 지금 _____

5. 여기에 _____
6. 또한 _____
7. 방법 _____
8. ~해야 하다 _____

C. 우리말과 같은 뜻의 어구를 완성하시오.

1. 개최되다 = take _____
2. 참가하다 = take _____ in
3. 잘하다 = be good _____
4. 돌보다 = look _____ = take care _____

D. 다음 우리말과 뜻이 같도록 문장을 완성하시오.

1. John은 매우 큰 개 두 마리가 있다.
   = John has two _____ big dogs.
2. 너는 왜 영국에 가고 싶어 하니?
   = _____ do you want to go to England?
3. 나는 날씨가 춥기 때문에 외출하고 싶지 않다.
   = I don't want to go out _____ it's cold.
4. Susan은 피아노뿐만 아니라 바이올린도 연주할 수 있다.
   = Susan can play not _____ the piano but also the violin.

Day 04

● **Preview Check** 오늘 학습할 낱말입니다. 이미 자신이 알고 있는 낱말에 ✓해 봅시다.

☐ small	☐ long	☐ before	☐ each
☐ say	☐ same	☐ life	☐ even
☐ today	☐ come	☐ front	☐ any
☐ sometimes	☐ often	☐ please	☐ something
☐ where	☐ however	☐ pleased	☐ let

Basic

061

small
[smɔːl]

형 작은, 적은 반 big, large, 동 little
● That's a small present for you. 저건 당신에게 줄 작은 선물입니다.

062

say
[sei]

동 said - said 말하다, ~라고 쓰여 있다
● Mom said to me, "Be kind to others."
엄마는 내게 "다른 사람들에게 친절하라."고 **말했다.**

063

today
[tədéi]

부 오늘, 요즈음 명 오늘, 요즈음
● It's Wednesday today. 오늘은 수요일이다.
● today's young people 오늘날의 젊은이들

064

sometimes
[sʌ́mtàimz]

부 때때로, 가끔
● My son sometimes plays basketball.
나의 아들은 가끔 농구를 한다.

065

where
[hwɛər]

부 어디에, 어디로
● Where did you take these pictures?
어디에서 이 사진들을 찍었나요?

066

long
[lɔːŋ]

형 (길이, 거리가) 긴 반 short 짧은 부 오래, 오랫동안
● The girl has long hair. 그 소녀는 머리가 길다.

067

same
[seim]

형 같은 반 different 다른 대 같은 것
● Emily and I are in the same class. Emily와 나는 같은 반이다.
*at the same time 동시에

068

come
[kʌm]

동 came - come 오다 반 go 가다
- Please come to my birthday party.
  제 생일 파티에 꼭 와 주십시오.

069

often
[ɔ́:fən]

부 자주, 흔히
- He is often late for the meeting. 그는 자주 회의에 지각한다.

Intermediate

070

however
[hauévər]

부 그러나, 그렇지만 유 but 그러나
- Jacob is a student. However, he doesn't study much.
  Jacob은 학생이다. 그렇지만 거의 공부를 하지 않는다.

071

before
[bifɔ́:r]

전 ~ 전에 반 after 접 ~하기 전에 부 전에, 진작
- before dinner 저녁 식사 전에

072

life
[laif]

명 생명, 생활, 인생 복 lives → live 동 살다
- His life was very exciting. 그의 인생은 매우 흥미진진했다.

073

front
[frʌnt]

명 앞, 앞면(쪽) 반 back
- Write your name in the front of the book.
  책 앞쪽에 네 이름을 써라.

*in front of ~의 앞에

074

please
[pli:z]

부 부디, 제발 동 기쁘게 하다 → pleased 형 기쁜, pleasure 명 즐거움
- Please come in. 어서 들어오세요.

075

pleased
[pli:zd]

형 기쁜, 기쁘게 된 → pleasant 형 즐거운, 만족스러운, pleasure 명 즐거움
- Pleased to meet you. 만나서 반가워요.

076

each
[i:tʃ]

형 각각의, 각자의 대 각자, 각각
- Each bus was full of people. 각각의 버스는 만원이었다.

Advanced

077

even
[íːvən]

📖 ① ~조차도 ② (비교급) 훨씬　📖 ① 평평한 ② 짝수의
● Father gets up early even on Sundays.
　아버지께서는 일요일조차 일찍 일어나신다.

059

any
[éni]

📖 (부정문, 의문문) 어느, 어떤　📖 some (긍정문) 약간의
● Do you have any brothers? 형제가 몇이나 있나요?
● I don't have any money with me. 나는 수중에 돈이 전혀 없다.

060

something
[sʌ́mθiŋ]

📖 (긍정문) 어떤 것(일)　📖 (부정문, 의문문) anything　📖 대단한 일(사람)
● I'd like to drink something cold.
　나는 차가운 어떤 것을 마시고 싶다.

080

let
[let]

📖 ~에게 …을 하게 하다, 허락하다
● She lets her kids play in the garden.
　그녀는 아이들에게 정원에서 놀도록 했다.

*let's (not)+동사원형 ~하자(하지 말자)

중간기말에 🔴꼭나오는 **반의어**

good 좋은 bad 나쁜	1. This is very good news. 이것은 아주 기쁜 소식이다. 2. This is very bad news. 이것은 아주 나쁜 소식이다.
before 전에 after 후에	1. I wash my hands before lunch. 나는 점심 먹기 전에 손을 씻는다. 2. I often walk in the park after lunch. 　나는 점심 식사 후에 자주 공원을 산책한다.
same 같은 different 다른	1. We eat the same food every day. 　우리는 매일 같은 음식을 먹는다. 2. My idea is different from yours. 　나의 생각은 너의 생각과 다르다.
small 작은 large 큰	1. It's a small world, isn't it? 세상 참 좁지요? 2. The new library is very large. 새 도서관은 매우 크다.
long 긴 short 짧은	1. Nari had long dark hair. Nari는 긴 검은 머리를 하고 있었다. 2. My dog has short legs. 나의 개는 다리가 짧다.

A. 다음 낱말의 우리말 뜻을 쓰시오.

1. small _____   5. long _____

2. today _____   6. same _____

3. say _____   7. often _____

4. however _____   8. something _____

B. 우리말과 같은 뜻의 영어 낱말을 쓰시오.

1. 가끔 _____   5. 전에 _____

2. 생활 _____   6. 각각의 _____

3. 어디에 _____   7. 오다 _____

4. 기쁜 _____   8. 부디 _____

C. 우리말과 같은 뜻의 어구를 완성하시오.

1. ~의 앞에 = in _____ of

2. 시원한 것 = _____ cool

3. 동시에 = at the _____ time

D. 다음 우리말과 뜻이 같도록 문장을 완성하시오.

1. 당신은 어디 사세요?

= _____ do you live?

2. 어떤 질문이 있나요?

= Do you have _____ questions?

3. 나는 그녀의 이름조차도 모른다.

= I don't _____ know her name.

4. 오늘 날씨가 참 좋군요. 걸어갑시다.

= It's a nice day today. _____ walk.

Day 05

● **Preview Check** 오늘 학습할 낱말입니다. 이미 자신이 알고 있는 낱말에 ✔해 봅시다.

☐ home	☐ year	☐ find	☐ important
☐ down	☐ money	☐ give	☐ little
☐ next	☐ car	☐ put	☐ different
☐ water	☐ every	☐ always	☐ must
☐ food	☐ problem	☐ person	☐ another

수능 출제 랭킹 **Basic**

081

home
[houm]

명 가정, 집, 고향 형 집의, 가정의 부 집에, 집으로
- My home is near the mountain. 나의 집은 산 근처이다.
- My home country is Korea. 나의 고국은 한국이다.

082

down
[daun]

부 아래로, 아래에 반 up 위로 전 ~ 아래로, ~따라
- He jumped down from the chair.
  그가 의자에서 뛰어 내렸다.
- Let's go down the river. 강 아래로 내려가자.

083

next
[nekst]

형 다음의 부 그 다음에
- The next morning, I got up late.
  다음 날 아침에 나는 늦게 일어났다.
- What do you do next? 그 다음에는 무엇을 할 거니?
  *next to 바로 옆에

084

water
[wɔ́ːtər]

명 물 동 물을 주다
- I want a glass of water. 저는 물 한 잔을 원해요.
- Mom waters the plants every day.
  엄마는 매일 화초에 물을 준다.

085

food
[fuːd]

명 음식
- My brother loves Korean food. 나의 형은 한국 음식을 좋아한다.

086

year
[jiər]

명 연, 해 → yearly 형 연간의, 해마다 있는
- My sister is eight years old. 내 여동생은 8살이다.

087

money
[mʌ́ni]

명 돈
- I don't have much money with me.
  나는 수중에 돈이 많이 없다.

088

car
[kɑːr]

명 차, 자동차
- I like cars made in Korea. 나는 한국산 자동차들을 좋아한다.

Intermediate

089

every
[évri]

형 모든, 매 ~, ~마다
- Dad takes a walk every morning.
  아빠께서는 매일 아침마다 산책하신다.
  *everyday 매일의(=daily), 일상적인(=usual)
  *everyone 모든 사람, 모두(=everybody)
  *everything 모든 것, 모두

090

problem
[prɑ́bləm]

명 문제 동 question, trouble
- The plan has a big problem. 그 계획은 큰 문제가 하나 있다.

091

find
[faind]

동 found - found 찾다, 알아내다 반 lose 잃다
- I found a dog in the box. 나는 상자 안에서 개 한 마리를 발견했다.

092

give
[giv]

동 gave - given ~에게 …을 주다
- Ella gave me some flowers on my birthday.
  Ella는 나의 생일날에 내게 꽃을 주었다.

093

put
[put]

동 put - put 놓다, 두다
- She put the doll on the table.
  그녀는 식탁 위에 인형을 놓아두었다.

094

always
[ɔ́ːlweiz]

부 항상 반 never 결코 ~않다
- My son always wears jeans. 나의 아들은 항상 청바지를 입는다.

095

person
[pə́ːrsn]

명 사람, 개인 → personal 형 개인의, 개인적인
- John is an interesting person. John은 재미있는 사람이다.

096

important
[impɔ́ːrtənt]

형 중요한 → importance 명 중요성
- It's important to save energy. 에너지를 절약하는 것은 중요하다.

23

097
little
[lítl]

형 ① less - least 양이 아주 작은, 소규모의 동 small, 반 big, much ② 어린 부 거의 없는
- There is little water in the glass. 유리잔에는 물이 거의 없다.
- I have a cute little dog. 나는 귀엽고 어린 강아지가 있다.

098
different
[dífərənt]

형 다른, 차이가 나는, 각양각색의 반 same 같은
→ difference 명 차이, 다름
- It's different now than before. 그것이 전에 비해 지금은 다르다.
*be different from ~와 다르다

099
must
[məst]

조 ~ 해야 하다 동 have to
- You must finish this today. 너는 오늘 이것을 끝마쳐야 한다.

100
another
[ənʌ́ðər]

형 또 하나의, 다른 대 다른 것(사람)
- Please tell me another story. 이야기 하나 더 해주세요.
*one another 서로서로

중간기말에 꼭 나오는 파생어

different 다른 **difference** 차이점	1. **different** people with the same name 동명이인(同名異人) 2. I don't really know the **difference**. 나는 차이점을 정말 모르겠어요.
important 중요한 **importance** 중요성	1. It's a very **important** work of art. 그것은 매우 중요한 예술 작품이다. 2. It is of little **importance**. 그것은 그다지 중요하지 않다.
personal 개인적인 **person** 개인, 사람	1. Could I ask you a **personal** question? 내가 개인적인 질문 하나 해도 되나요? 2. I feel like a new **person**. 새로 태어난 사람처럼 느껴져요.
yearly 해마다 **year** 연, 해	1. Some people move **yearly**. 어떤 사람들은 매년 이사를 간다. 2. There are 12 months in one **year**. 1년은 12개월이다.

24

A. 다음 낱말의 우리말 뜻을 쓰시오.

1. home   _____
2. every   _____
3. next   _____
4. different   _____

5. food   _____
6. year   _____
7. find   _____
8. important   _____

B. 우리말과 같은 뜻의 영어 낱말을 쓰시오.

1. 자동차   _____
2. 항상   _____
3. 돈   _____
4. 놓다   _____

5. 물   _____
6. 사람   _____
7. 아래로   _____
8. 문제   _____

C. 우리말과 같은 뜻의 어구를 완성하시오.

1. 서로서로 = one _____
2. ~와 다르다 = be _____ from
3. 바로 옆에 = _____ to

D. 다음 우리말과 뜻이 같도록 문장을 완성하시오.

1. 네 어머니께 그 편지를 드려라.

= _____ your mother the letter.

2. 그런 말은 해서는 안 된다.

= You _____ not say things like that.

3. 그는 작은 집에 살고 싶어 한다.

= He wants to live in a _____ house.

4. 모든 나라에는 자신의 역사가 있다.

= _____ country has its history.

Day 06

● **Preview Check** 오늘 학습할 낱말입니다. 이미 자신이 알고 있는 낱말에 ✔해 봅시다.

☐ feel   ☐ thank   ☐ off   ☐ example
☐ number   ☐ big   ☐ never   ☐ keep
☐ class   ☐ job   ☐ place   ☐ together
☐ music   ☐ man   ☐ show   ☐ few
☐ old   ☐ morning   ☐ away   ☐ turn

수능 출제 랭킹 ## Basic

101

feel
[fi:l]

图 felt - felt **느끼다** → feeling 圆 감정
● I feel happy today. 나는 오늘 행복함을 느낀다.

102

number
[nʌ́mbər]

圆 **수, 번호**
● The number of wild monkeys is growing.
야생 원숭이의 수가 늘고 있다.
*a number of 많은(=many)

103

class
[klæs]

圆 **수업, 학급**
● There are no classes on Saturday. 토요일에는 수업이 없다.
*classmate 반 친구

104

music
[mjúːzik]

圆 **음악** → musical 圈 음악의, musician 圆 음악가
● What kind of music do you like?
너는 어떤 종류의 음악을 좋아하니?

105

old
[ould]

圈 ① **오래된, 낡은** 画 new ② **나이가 든** 画 young
● My house is very old. 나의 집은 매우 오래되었다.

106

thank
[θæŋk]

图 **감사하다**
● Thank you for the nice present. 멋진 선물 주셔서 감사합니다.

107

big
[big]

圈 bigger - biggest **큰, 중요한** 图 large, 画 small, little
● My dog is bigger than yours. 나의 개가 네 것보다 더 크다.

108

job
[dʒɑb]

명 일, 직업
- Emma is looking for a job now.
  Emma는 지금 **일자리**를 찾고 있다.

109

man
[mæn]

명 남성, 인간 복 men 반 woman
- Who is that man? 저 **남자**는 누구입니까?

110

morning
[mɔ́ːrniŋ]

명 아침, 오전
- I get up early in the morning. 나는 **아침**에 일찍 일어난다.

수능 출제 랭킹

Intermediate

111

off
[ɔːf]

부 멀리, 작동이 안 되는, 할인되어 형 쉬는 반 on 전 ~에서 떨어져
- Please turn off the TV. TV를 **꺼** 주십시오.
- I will get off the train at Busan. 나는 부산에서 기차를 **내릴** 거야.
  *turn off 끄다(↔ turn on 켜다)

112

never
[névər]

부 결코 [한번도] ~ 않다 반 always 항상
- I'll never give up my dream.
  나는 **결코** 나의 꿈을 포기하지 **않을** 거야.

113

place
[pleis]

명 장소, 위치
- What's your favorite place in Seoul?
  서울에서 네가 가장 좋아하는 **장소**는 어디니?

114

show
[ʃou]

동 보여주다, 안내하다 명 전시회, 쇼
- Please show me another one. 다른 것을 **보여주세요**.
- The show will start soon. **쇼**가 곧 시작됩니다.

115

away
[əwéi]

부 떨어져, 사라져
- Please stay away from the fire. 불에서 **떨어져** 계세요.

116

example
[igzǽmpl]

명 예, 본보기 동 model
- Could you give us an example? 우리에게 **예**를 하나 주세요.
  *for example 예를 들면

117

keep
[kiːp]

동 유지하다, 계속하다, 보관하다
- Always keep your hands clean. 항상 너의 손을 깨끗이 **유지해라**.

118

together
[təɡéðər]

부 함께, 같이
- We grew up together. 우리는 **함께** 컸었다.

119

few
[fjuː]

형 수가 아주 적은, 소수의
- He has few friends. 그는 친구가 거의 없다.
  *a few 몇몇의

120

turn
[təːrn]

동 돌다, 회전하다 명 회전, 차례
- Turn left at the corner. 모퉁이에서 왼쪽으로 도세요.
- Please wait your turn. 당신의 차례를 기다려 주세요.
  *turn on 켜다
  *turn off 끄다

중간기말에 꼭 나오는 반의어

old 늙은 **young** 젊은, 어린	1. He talks like an **old** man. 그는 노인처럼 말한다. 2. Mom looks **young**. 엄마는 젊어 보인다.
old 오래된, 옛 **new** 새로운	1. He likes **old** movies. 그는 옛 영화를 좋아한다. 2. She bought a **new** smartphone. 그녀는 새 스마트폰을 샀다.
few 수가 적은 **many** 수가 많은	1. There are a **few** birds in the tree. 그 나무 위에 새가 **몇** 마리 있다. 2. There are **many** cars in the street. 거리에는 차가 **많다**.
never 결코 ~않다 **always** 항상	1. I have **never** seen that man before. 나는 전에 그 사람을 전혀 본 적이 없다. 2. I **always** have breakfast. 나는 항상 아침을 먹는다.
man 남성 **woman** 여성	1. The **man** is talking to his son. 그 남자가 아들에게 말하고 있다. 2. That **woman** has long hair. 저 여자는 머리카락이 길다.

A. 다음 낱말의 우리말 뜻을 쓰시오.

1. music _____
2. place _____
3. class _____
4. together _____

5. turn _____
6. keep _____
7. feel _____
8. number _____

B. 우리말과 같은 뜻의 영어 낱말을 쓰시오.

1. 남자 _____
2. 아침 _____
3. 일자리 _____
4. 보여주다 _____

5. 큰 _____
6. 오래된 _____
7. 떨어져 _____
8. 감사하다 _____

C. 우리말과 같은 뜻의 어구를 완성하시오.

1. 예를 들어 = for _____
2. 몇 마리 새 = a_____ birds
3. 전등을 끄다 = turn _____ the light

D. 다음 우리말과 뜻이 같도록 문장을 완성하시오.

1. 그녀는 다리에 감각이 없었다.

   = She could not _____ her legs.

2. 그는 나에게 한번도 미안하다고 말한 적이 없어.

   = He _____ said "sorry" to me.

3. 지구는 태양 둘레를 돈다.

   = The earth _____ around the sun.

Day 07

● **Preview Check** 오늘 학습할 낱말입니다. 이미 자신이 알고 있는 낱말에 ✔해 봅시다.

☐ become	☐ high	☐ try	☐ left
☐ night	☐ love	☐ room	☐ both
☐ family	☐ again	☐ outside	☐ anything
☐ sorry	☐ week	☐ course	☐ enough
☐ woman	☐ mean	☐ idea	☐ play

수능 출제 랭킹

Basic

121

become
[bikʌ́m]

图 became - become ~이 되다
● He will become a good actor. 그는 좋은 배우가 될 거야.

122

night
[nait]

圐 밤
● I went to bed early last night. 나는 어젯밤에 일찍 잠을 잤다.
　*at night 밤에
　*all night (long) 밤새도록

123

family
[fǽməli]

圐 가족 倒 families
● My family is large one. 나의 가족은 대가족이다.

124

sorry
[sɔ́ri]

閺 미안한, 유감스러운
● I'm so sorry for being late. 지각해서 미안합니다.

125

woman
[wúmən]

圐 여성 倒 women 倒 man
● Who is that woman? 저 여자는 누구입니까?

126

high
[hai]

閺 높은 倒 low 낮은 圎 높이 → height 圐 높이, 키
● There are many high mountains here.
　여기에는 높은 산들이 많다.

127

love
[lʌv]

图 사랑하다 倒 hate 싫어하다 圐 사랑 → lovely 閺 사랑스러운
● I love Korean TV dramas. 나는 한국 TV 드라마를 무척 좋아한다.

128

again
[əgén]

圎 다시, 한 번 더 图 once more
● I'll call you again. 제가 당신에게 다시 전화할게요.

Intermediate

129

week
[wiːk]

명 주(週), 주간 → weekly 형 매주의, 주간의
- I went to the movies last week. 나는 지난주에 영화를 보러 갔다.
  *weekday 평일
  *weekend 주말

130

mean
[miːn]

동 meant - meant 뜻하다 → meaning 명 의미
- What does this word mean? 이 낱말은 무슨 뜻이죠?

131

try
[trai]

동 tried - tried 노력하다, 해보다 명 시도
- Ellie tried to open the door. Ellie는 문을 열려고 노력했다.
  *try on ~을 한번 해(입어)보다

132

room
[ruːm]

명 ① 방 ② 자리, 공간
- I clean my room every day. 나는 매일 방을 청소한다.
- Is there enough room for me in the car?
  그 차에 내가 탈 자리가 있을까?

133

outside
[áutsáid]

부 바깥에, 밖에 반 inside 명 밖, 바깥
- I went outside to see her. 나는 그녀를 만나려고 밖으로 나갔다.

134

course
[kɔːrs]

명 ① 강좌 ② 과목 ③ 과정
- I take five courses this year. 나는 금년에 다섯 과목을 듣는다.
  *of course 물론, 당연히

135

idea
[aidíːə]

명 생각, 의견, 발상 → ideal 형 이상적인
- That's a good idea. 그것은 좋은 생각이다.

136

left
[left]

형 왼쪽의 반 right 부 왼쪽으로 명 왼쪽
- Turn left at the second corner.
  두 번째 모퉁이에서 왼쪽으로 도세요.

Advanced

137

both
[bouθ]

형 양쪽의 대 둘 다
- Both my parents are teachers. 나의 부모님 둘 다 교사이다.
  *both A and B A뿐만 아니라 B도

138

anything
[éniθìŋ]

대 ① (부정문, 의문문) 무엇, 아무것도 (긍정문) something ② 무엇이든
- He didn't know anything about it.
  그는 그것에 대해 아무것도 몰랐다.
- She likes anything sweet. 그녀는 단 것은 무엇이든 좋아한다.

31

139

enough
[ináf]
형 충분한 부 충분히
- We have enough time. 우리는 충분한 시간이 있다.
- I ate enough. 나는 충분히 먹었다.

140

play
[plei]
동 ① 놀다 ② 운동을 하다 ③ 연주하다 ④ 연기하다 명 연극, 극
- My son plays basketball well.
  나의 아들은 농구를 잘한다.
- My sister plays the piano every day.
  누나는 매일 피아노를 연주한다.
- I saw a nice play yesterday.
  나는 어제 멋진 연극을 보았다.

중간기말에 꼭 나오는 반의어

high 높은 **low** 낮은	1. His office is on a **high** floor. 그의 사무실은 높은 층에 있다. 2. I got **low** marks on the test. 나는 시험에서 낮은 점수를 받았다.
love 사랑하다 **hate** 싫어하다	1. Our family **loves** dogs. 우리 가족은 개를 무척 좋아한다. 2. The two boys **hated** each other. 그 두 남자애들은 서로 미워했다.
left 왼쪽의 **right** 오른쪽의	1. She writes with her **left** hand. 그녀는 왼손으로 글을 쓴다. 2. If you turn **right**, you can find it. 네가 오른쪽으로 돌면 그것을 발견할 거야.
inside 안쪽 **outside** 바깥쪽	1. The **inside** of the box was wet. 그 상자의 안쪽은 젖었다. 2. People paint the **outside** of the door. 사람들이 문의 바깥쪽에 그림을 그린다.
weekday 평일 **weekend** 주말	1. The store is open on **weekdays**. 그 가게는 평일에 문을 연다. 2. Have a good **weekend**! 주말 잘 보내세요!

A. 다음 낱말의 우리말 뜻을 쓰시오.

1. week _____
2. woman _____
3. left _____
4. enough _____

5. try _____
6. mean _____
7. idea _____
8. course _____

B. 우리말과 같은 뜻의 영어 낱말을 쓰시오.

1. 미안한 _____
2. 사랑하다 _____
3. 가족 _____
4. 방 _____

5. 높은 _____
6. 다시 _____
7. 밤 _____
8. 밖으로 _____

C. 우리말과 같은 뜻의 어구를 완성하시오.

1. 물론 = of _____
2. 밤새도록 = all _____ long
3. 엄마와 아빠 둘 다 = _____ mom and dad

D. 다음 우리말과 뜻이 같도록 문장을 완성하시오.

1. 그 어린이들은 매일 공을 가지고 논다.
   = The children _____ with balls every day.
2. 네가 열심히 노력하면 무엇이든 할 수 있다.
   = You can do _____ if you try hard.
3. 그는 나에게 한번도 "미안하다"고 말한 적이 없어.
   = He never said "_____" to me.

Day 08

● **Preview Check** 오늘 학습할 낱말입니다. 이미 자신이 알고 있는 낱말에 ✔해 봅시다.

☐ young	☐ eat	☐ almost	☐ special
☐ live	☐ large	☐ air	☐ remember
☐ house	☐ tell	☐ yet	☐ alone
☐ read	☐ ask	☐ call	☐ hard
☐ city	☐ once	☐ happen	☐ light

수능 출제 랭킹 Basic

141

young
[jʌŋ]

⟨형⟩ 젊은, 어린 ⟨반⟩ old → youth ⟨명⟩ 젊음, 청춘
● She looks young for her age. 그녀는 나이에 비해 젊어 보인다.

142

live
[liv]

⟨동⟩ 살다 → living ⟨형⟩ 살아 있는, life ⟨명⟩ 생활
● My sister lives in Canada. 나의 누나는 캐나다에 살고 있다.
  *living room 거실

143

house
[haus]

⟨명⟩ 집, 가옥
● These houses were built last year.
  이 집들은 작년에 지어졌다.

144

read
[ri:d]

⟨동⟩ read - read[red] 읽다, 독서하다
● He read the book three times. 그는 그 책을 세 번 읽었다.

145

city
[síti]

⟨명⟩ 도시 ⟨복⟩ cities ⟨반⟩ country 시골
● This city has a big stadium. 이 도시엔 큰 경기장이 있다.

146

eat
[i:t]

⟨동⟩ 먹다, 식사하다 ⟨동⟩ have
● Let's eat lunch. 점심을 먹자.

147

large
[lɑːrdʒ]

형 큰, 많은, 넓은 동 big, great, 반 small 작은
- The new ball park is very large. 새 야구장은 매우 크다.

Intermediate

148

tell
[tel]

동 told - told 말하다, 알려주다
- Tell me the way to the library. 도서관 가는 길을 알려주세요.
- He told us to be quiet. 그는 우리에게 조용하라고 말했다.

149

ask
[æsk]

동 묻다, 요청하다
- He asked a police officer the way to the station.
  그는 경찰관에게 역으로 가는 길을 물었다.

150

once
[wʌns]

부 한 번 참 twice 두 번 접 일단 ~하기만 하면
- I once saw a bear in the mountain.
  나는 산 속에서 곰을 한 번 보았다.

151

almost
[ɔ́ːlmoust]

부 거의 동 nearly
- I like almost all of them. 나는 그것들이 거의 다 좋다.

152

air
[ɛər]

명 ① 공기, 대기 ② 하늘 동 sky, 반 land
- The air is dry today. 오늘은 공기가 건조하다.

153

yet
[jet]

부 (부정문) 아직, (긍정문) 벌써, 이미
- David hasn't come yet. David은 아직 오지 않았다.

154

call
[kɔːl]

동 ① 부르다 ② 전화를 걸다 명 전화 통화
- We call him King Kang. 우리는 그를 킹캉이라고 부른다.
- Give me a call when you're free. 시간이 나면 전화 주세요.

155

happen
[hǽpən]

동 우연히 ~하다, 일어나다, 발생하다
- I happened to see her at the station.
  나는 역에서 그녀를 우연히 만났다.

156

special
[spéʃəl]

형 특별한
- I'll cook something special for you.
  나는 너를 위한 특별한 요리를 할 거야.

Advanced

157
remember
[rimémbər]

동 기억하다 반 forget 잊다
- I still remember the summer camp.
  나는 지금도 여름 캠프를 기억한다.

158
alone
[əlóun]

부 혼자서 동 by oneself
- Emma lives alone in an apartment.
  Emma는 아파트에 혼자서 산다.

159
hard
[hɑːrd]

형 ① 어려운 동 difficult, 반 easy 쉬운 ② 딱딱한, 단단한
반 soft 부드러운 부 열심히, 세게
- The math test was very hard. 수학 시험은 매우 어려웠다.
- I studied hard last week. 나는 지난주에 열심히 공부했다.

160
light
[lait]

명 빛 형 ① 밝은 반 dark 어두운 ② 가벼운 반 heavy 무거운
- Please turn on the light. 불을 켜주세요.
- I like light blue. 나는 밝은 청색을 좋아해.
- Why is your bag so light? 너의 가방이 왜 이렇게 가볍니?

중간기말에 꼭 나오는 반의어

light 가벼운 **heavy** 무거운	1. My tennis racket is very **light**. 나의 테니스 라켓은 매우 가볍다. 2. Why is your bag so **heavy**? 너의 가방은 왜 그렇게 무겁니?
large 큰 **small** 작은	1. He's a very **large** child for his age. 그는 그의 나이에 비해서 아주 큰 아이이다. 2. My sister bought a **small** car. 나의 누이는 작은 차를 샀다.
air 하늘 **land** 땅	1. We can see the tower clearly from the **air**. 우리는 그 탑을 하늘에서 뚜렷이 볼 수 있다. 2. I bought a small piece of **land** in Boston. 나는 보스톤에 조그만 땅을 샀다.
hard 어려운 **easy** 쉬운	1. It is **hard** to speak English well. 영어로 말을 잘하는 것은 어렵다. 2. It is **easy** to play basketball well. 농구를 잘하는 것은 쉽다.
remember 기억하다 **forget** 잊다	1. I don't **remember** my first day at school. 나는 학교에 맨 처음 들어간 날이 기억나지 않는다. 2. I **forget** my mom's birthday. 나는 엄마의 생일을 잊었다.

A. 다음 낱말의 우리말 뜻을 쓰시오.

1. once _____
2. large _____
3. almost _____
4. remember _____

5. yet _____
6. alone _____
7. ask _____
8. special _____

B. 우리말과 같은 뜻의 영어 낱말을 쓰시오.

1. 젊은 _____
2. 읽다 _____
3. 공기 _____
4. 열심히 _____

5. 살다 _____
6. 도시 _____
7. 가벼운 _____
8. 집 _____

C. 다음 우리말과 뜻이 같도록 문장을 완성하시오.

1. 이와 같은 일은 늘 일어난다.

= Things like this _____ all the time.

2. 병원에 가는 길을 좀 알려주세요.

= Please _____ me the way to the hospital.

3. 혼자서 살아가는 것은 어렵다.

= It is _____ to live _____.

4. 택시를 불러 줄게.

= I'll _____ a taxi for you.

5. 뭐를 좀 드시겠어요?

= Would you like something to _____?

6. 거의 모든 학생들이 교실에 있었다.

= _____ all the students were in the classroom.

Day 09

• Preview Check 오늘 학습할 낱말입니다. 이미 자신이 알고 있는 낱말에 ✔해 봅시다.

☐ child	☐ group	☐ free	☐ until
☐ start	☐ bad	☐ kind	☐ believe
☐ learn	☐ pay	☐ everything	☐ already
☐ friend	☐ wrong	☐ late	☐ mind
☐ talk	☐ book	☐ thing	☐ company

Basic

수능 출제 랭킹

161

child
[tʃaild]

명 어린이, 자식 복 children
● The child is seven years old. 그 아이는 7살이다.

162

start
[staːrt]

동 ① 시작하다 동 begin ② 출발하다 동 leave 명 출발, 시작
● What time does this movie start?
이 영화 몇 시에 시작하나요?

163

learn
[ləːrn]

동 배우다 반 teach 가르치다
● Do you learn how to play the guitar?
너는 기타 치는 법을 배우니?

164

friend
[frend]

명 친구 → friendly 형 우호적인, friendship 명 우정
● Can I take a friend to your party?
내가 파티에 친구를 데려가도 되니?

165

talk
[tɔːk]

동 말하다, 이야기하다
● My mom talked with my teacher yesterday.
엄마는 어제 나의 선생님과 의논했다.

166

group
[gruːp]

명 집단, 그룹
● Our tour group has twelve people.
우리 여행 그룹은 12명이다.

167

bad
[bæd]

형 worse - worst ① **나쁜** ② **심한** ③ **해로운** ④ **상한**　반 good
● He has a bad cold. 그는 심한 감기에 걸렸다.

Intermediate

168

pay
[pei]

동 paid - paid **지불하다, 납부하다**　명 **급여, 보수**
● How much did you pay for it? 너는 그것에 얼마를 지불했니?

169

wrong
[rɔːŋ]

형 **틀린, 잘못된**　반 right 올바른
● You have the wrong number. 당신은 전화를 잘못 거셨습니다.

170

book
[buk]

명 **책**　동 **예약하다**
● My son reads many books. 나의 아들은 책을 많이 읽는다.
● I'd like to book a table for 8 o'clock tonight.
오늘 밤 8시에 자리를 예약하고 싶어요.

171

free
[friː]

형 ① **자유로운, 한가한** ② **무료의**
● Are you free this evening? 오늘 저녁에 한가한가요?
● a free ticket 무료 입장권

172

kind
[kaind]

형 **친절한**　명 **종류** → kindness 명 친절
● Emma was very kind to the guests.
Emma는 손님들에게 매우 **친절했다.**

173

everything
[évriθìŋ]

대 **모든 것, 모두**
● Everything about the party was nice.
파티에 관한 모든 것이 좋았다.

174

late
[leit]

형 **늦은, 지각한**　동 early 이른　부 **늦게**　참 lately 최근에
● Some students were late for school.
몇몇 학생들이 학교에 지각했다.

175

thing
[θiŋ]

명 **것, 일, 물건**
● A strange thing happened. 이상한 일이 일어났다.

Advanced

176

until
[əntíl]

전 **~ 때까지**(=till)
● until 5 o'clock 5시까지

177 believe
[bilíːv]
동 믿다
- I believed his lies for years. 나는 오랫동안 그의 거짓말을 믿었다.

178 already
[ɔːlrédi]
부 (긍정문) 이미, 벌써
- I have already finished my homework.
  나는 이미 숙제를 끝냈다.

179 mind
[maind]
명 마음, 정신 반 body 몸 동 (부정문, 의문문) 언짢아하다
- How much do you have in mind? 얼마를 마음에 두고 있습니까?
- Do you mind if I open the window?
  창문을 좀 열어도 될까요?

180 company
[kʌ́mpəni]
명 회사
- the largest computer company in Korea
  한국 최대 컴퓨터 회사

중간기말에 꼭 나오는 다의어

mind
1. 마음, 정신
- Exercise is good for both body and mind.
  운동은 몸과 마음 모두에 다 유익하다.
2. 상관하다
- I don't really mind being alone.
  나는 정말 혼자 있어도 상관하지 않아요.

water
1. 물
- I'd like a glass of water. 물을 한 잔 주세요.
2. 물을 주다
- If I water the flowers, they will grow well.
  꽃에 물을 주면 잘 자랄 텐데요.

kind
1. 친절한
- My teacher is very kind to us. 선생님은 우리에게 매우 친절하다.
2. 종류
- What kind of food do you like? 어떤 종류의 음식을 좋아하세요?

free
1. 자유로운, 한가한
- I'm free tomorrow. 나는 내일 한가하다.
2. 무료의
- Children five or under were free. 5세 이하의 어린이는 무료였다.

A. 다음 낱말의 우리말 뜻을 쓰시오.

1. start _____
2. wrong _____
3. free _____
4. believe _____

5. learn _____
6. child _____
7. late _____
8. everything _____

B. 우리말과 같은 뜻의 영어 낱말을 쓰시오.

1. 말하다 _____
2. 나쁜 _____
3. 예약하다 _____
4. 종류 _____

5. 친구 _____
6. 지불하다 _____
7. 집단 _____
8. 회사 _____

C. 다음 우리말과 뜻이 같도록 문장을 완성하시오.

1. 벌써 10시니?
   = Is it 10 o'clock _____?
2. 왜 지금까지 이게 일어나지 않았지?
   = Why didn't this happen _____ now?
3. 나의 생각에는 우리는 친구다.
   = In my _____ we are friends.
4. 한 번에 두 가지 일을 하지 마라.
   = Don't do two _____ at once.
5. 저것은 또 다른 종류의 꽃이다.
   = That is another _____ of flower.
6. 열차가 왜 이렇게 늦는 거죠?
   = Why is the train so _____?

Day 010

● **Preview Check** 오늘 학습할 낱말입니다. 이미 자신이 알고 있는 낱말에 ✔해 봅시다.

☐ body   ☐ nice   ☐ far   ☐ trip
☐ art   ☐ store   ☐ check   ☐ early
☐ hear   ☐ hand   ☐ hour   ☐ nothing
☐ hope   ☐ enjoy   ☐ understand   ☐ leave
☐ tomorrow   ☐ bring   ☐ future   ☐ possible

수능 출제 랭킹 | Basic

181

body
[bάdi]

명 몸, 신체 반 mind 정신
● The mind controls the body. 마음이 몸을 지배한다.

182

art
[ɑːrt]

명 예술, 미술 → artist 명 화가, 예술가
● Ella will study art in France. 엘라는 프랑스에서 미술을 공부할 거야.

183

hear
[hiər]

동 heard - heard 듣다, 들리다
● Can you hear that strange sound? 저 이상한 소리가 들리니?

184

hope
[houp]

동 희망하다 동 wish 명 희망, 기대 → hopeful 형 희망에 찬
● I hope that you'll have a good time.
나는 당신이 즐거운 시간을 보내길 바라요.

185

tomorrow
[təmɔ́ːrou]

명 내일 참 yesterday 어제, today 오늘 부 내일(은)
● It will be sunny tomorrow. 내일은 맑을 거야.

186

nice
[nais]

형 멋진, 기분 좋은, 친절한 동 good, fine, kind
● Thank you for the nice present. 멋진 선물 주셔서 고맙습니다.

187

store
[stɔːr]

명 가게
- The store sells bread. 그 가게는 빵을 판다.

Intermediate

188

hand
[hænd]

명 ① 손 ② 도움
- Put your right hand up. 오른쪽 손을 들어요.
- The neighbours are always willing to give a hand.
  이웃 사람들은 항상 기꺼이 도움을 주려고 한다.

189

enjoy
[indʒɔ́i]

동 즐기다, 즐거워하다 → joy 명 즐거움
- We enjoyed watching the play last night.
  우리는 어젯밤에 연극을 즐겼다.

190

bring
[briŋ]

동 brought - brought 가져오다, 데리고 오다 반 take 데리고 가다
- Bring me the magazine. 그 잡지를 가져다주세요.

191

far
[fɑːr]

부 ① 멀리, 떨어져 ② (비교급 수식) 훨씬 형 먼
- It's not far to the beach. 해변까지는 멀지 않다.
- This is far better than that one. 이것은 저것보다 훨씬 좋다.

192

check
[tʃek]

동 확인하다, 검사하다 명 검사
- I checked my homework answers. 나는 숙제의 답을 확인했다.

193

hour
[auər]

명 시간, 시각
- We ran for two hours. 우리는 두 시간 동안 달렸다.

194

understand
[ʌndərstǽnd]

동 understood - understood 이해하다
- Bill couldn't understand the question.
  Bill은 그 질문을 이해할 수 없었다.

195

future
[fjúːtʃər]

명 미래 형 미래의
- You have a bright future. 너는 미래가 밝다.

196

trip
[trip]

명 여행 동 travel
- I have a plan to take a trip to New York.
  나는 뉴욕을 여행할 계획이 있다.

*take a trip to ~으로 여행하다

197

early
[ə́ːrli]

형 이른 반 late 늦은 부 일찍
- Come here in the early morning. 이른 아침에 여기로 와라.

Advanced

nothing
[nʌ́θiŋ]

데 아무것도 ~ 아니다, 아무것도 아닌 것
- There was nothing in his bag. 그의 가방에는 아무것도 없었다.
*have nothing to do with ~와 전혀 관계가 없다

199

leave
[li:v]

동 left - left ① 떠나다, 출발하다 반 arrive 도착하다 ② 그만두다 ③ 두고 오다, 남기다 명 휴가, 허가
- The train left Seoul for Busan at noon.
  그 기차는 정오에 서울에서 부산으로 출발했다.
- I've left my bag on the bus. 내가 가방을 버스에 두고 내렸어.

200

possible
[pásəbl]

형 가능한 반 impossible 불가능한
- It is possible to get there by bus.
  거기에는 버스로 갈 수 있다.

중간기말에 꼭 나오는 동의어

1. 어려운 hard difficult	1. It's **hard** to change our ways. 우리 자신의 방식을 바꾸는 것은 어렵다. 2. Your writing is really **difficult** to read. 너의 필체는 읽기가 정말 어렵다.
2. 여행 trip travel	1. I want to go on a **trip** next month. 나는 다음 달에 여행을 가고 싶다. 2. I used to love air **travel**. 나는 과거에 항공 여행을 좋아했다.
3. 다정한 friendly lovely kind, nice	1. Ella is very **friendly**. 엘라는 매우 다정하다. 2. Her mother was a **lovely** woman. 그녀의 어머니는 다정한 분이셨다.
4. 어려움 trouble difficulty	1. Did you have any **trouble** coming here? 여기로 오는 데 어려움은 없었어요? 2. The **difficulty** in life is the choice. 인생에 있어서 어려운 것은 선택이다.
5. 바라다 hope wish	1. I **hope** that I'm your friend. 내가 당신의 친구이길 바랍니다. 2. I **wish** I could meet more people. 난 더 많은 사람들을 만나길 바랍니다.

A. 다음 낱말의 우리말 뜻을 쓰시오.

1. hear _____
2. early _____
3. hour _____
4. tomorrow _____

5. leave _____
6. bring _____
7. possible _____
8. understand _____

B. 우리말과 같은 뜻의 영어 낱말을 쓰시오.

1. 멋진 _____
2. 몸 _____
3. 가게 _____
4. 즐기다 _____

5. 예술 _____
6. 희망 _____
7. 손 _____
8. 미래 _____

C. 다음 우리말과 뜻이 같도록 문장을 완성하시오.

1. 아무도 나를 이해하지 않아.

   = Nobody _____ me.

2. 그녀는 여기서 멀리 산다.

   = She lives _____ from here.

3. 우리는 주말에 아무것도 안 했다.

   = We did _____ at the weekend.

4. Bill은 버스 여행을 하고 싶어 한다.

   = Bill wants to go on a bus _____.

5. 내가 창문을 잠갔는지 가서 확인해 봐.

   = Go and _____ I've locked the windows.

6. 그는 한 시간 전에 부산으로 여행을 떠났어요.

   = He _____ for a trip to Busan an hour ago.

Day 011

● **Preview Check** 오늘 학습할 낱말입니다. 이미 자신이 알고 있는 낱말에 ✔해 봅시다.

☐ happy	☐ office	☐ real	☐ easy
☐ movie	☐ afternoon	☐ open	☐ difficult
☐ name	☐ side	☐ stay	☐ result
☐ stop	☐ meet	☐ worry	☐ face
☐ team	☐ everyone	☐ move	☐ age

Basic

201

happy
[hǽpi]

형 행복한 반 unhappy 불행한 → happiness 명 행복
● I was very happy to hear the news.
그 소식을 듣고 매우 행복했다.

202

movie
[múːvi]

명 영화 동 film, cinema
● Let's go to see the new movie tonight.
오늘 밤에 새로 나온 영화를 보러 가자.

203

name
[neim]

명 이름 동 이름을 지어주다
● May I have your name? 당신의 이름을 말해주시겠어요?

204

stop
[stɑp]

동 멈추다, 마치다, 끊다 명 정지, 정류장
● He stopped smoking. 그는 담배를 끊었다.

205

team
[tiːm]

명 팀, 단체 합 teamwork 단체정신
● I'm on the football team. 저는 축구팀에 있어요.

206

office
[ɔ́ːfis]

명 사무실
● My office is near the station. 나의 사무실은 역 근처에 있다.

207

afternoon
[æ̀ftərnúːn]

명 오후
● I have two classes in the afternoon.
나는 오후에 수업이 두 시간 있다.

208

side
[said]

명 한쪽, 옆면
- There is a bank on the right side of the street.
  그 거리의 오른쪽 측면에 은행이 있다.

*side by side 나란히

Intermediate

209

meet
[mi:t]

동 met - met ① 만나다 ② 마중하다 → meeting 명 회의
- I met my teacher at the station yesterday.
  나는 어제 역에서 나의 선생님을 만났다.
- Will you meet me at the airport? 공항에 나를 마중 나올 거니?

210

everyone
[évriwʌn]

대 모든 사람, 모두 동 everybody
- Everyone likes David. 모든 사람이 David을 좋아한다.

211

real
[rí:əl]

형 실제의, 진짜의 → really 부 정말로, reality 명
- I touched real snow for the first time.
  나는 처음으로 실제 눈을 만져보았다.

212

open
[óupən]

동 열다 반 close, shut 형 문을 연, 열려 있는
- He opened the car door for his wife.
  그는 그의 아내를 위해 자동차 문을 열어 주었다.
- The store is open from Monday to Friday.
  그 가게는 월요일부터 금요일까지 문을 연다.

213

stay
[stei]

동 머무르다 명 방문, 체류
- He will stay here for two weeks.
  그는 여기에 2주일 동안 머물 거야.

214

worry
[wɔ́:ri]

동 걱정하다, 걱정하게 하다 명 걱정 → worried 형 걱정스러운
- Don't worry about it. 그것에 대해 걱정하지 마라.

215

move
[mu:v]

동 ① 움직이다 ② 이사하다, 옮기다
- The animal moved very quickly.
  그 동물은 매우 빨리 움직였다.

216

easy
[í:zi]

형 ① 쉬운, 간단한 반 difficult, hard 어려운 ② 편안한 → easily
부 쉽게, ease 명 쉬움
- The English test is very easy. 영어 시험은 매우 쉬웠다.

Advanced

217

difficult
[dífikʌlt]

형 어려운, 곤란한 동 hard, 반 easy 쉬운 → difficulty 명 어려움
- It is difficult to sing this song. 이 노래를 부르는 것은 어렵다.

218

result
[rizʌ́lt]

명 결과, 성과, 성적 동 effect, 반 cause 원인
- What was the result of the exam? 시험의 결과가 어땠어?

219

face
[feis]

명 얼굴, 표면 동 마주보다, 직면하다
- Have you washed your face yet? 벌써 얼굴을 씻었니?
- We need to face this fact. 우리는 이 사실과 직면할 필요가 있다.
  *face to face 서로 얼굴을 맞대고

220

age
[eidʒ]

명 ① 나이, 연령 ② 시기, 시대
- Do you know his age? 너의 그의 나이를 아니?
- the age of the computer 컴퓨터 시대
  *at the age of ~의 나이에
  *for one's age 나이에 비해서는

중간기말에 꼭 나오는 반의어

easy 쉬운 difficult 어려운	1. As a matter of fact, it wasn't easy. 사실 그것은 쉽지 않았어요. 2. Raising turtle is a difficult job. 거북을 기르는 것은 어려운 일이다.
early 일찍 late 늦게	1. Emma always gets up early. Emma는 항상 일찍 일어난다. 2. He came late to school today. 그는 오늘 학교에 늦게 왔다.
open 열다 close 닫다	1. Emily opens the store at 9:00 am. Emily는 오전 9시에 가게를 연다. 2. She closes the store at 10:00 pm. 그녀는 오후 10시에 가게를 닫는다.
arrive 도착하다 leave 떠나다	1. What time does the next train arrive? 다음 기차는 언제 도착하죠? 2. What time does your flight leave tomorrow? 내일 비행기가 몇 시에 출발하니?
body 신체 mind 정신	1. Exercise is good for your body. 운동은 너의 몸에 좋다. 2. A sound mind in a sound body. 건강한 신체에 건강한 정신이 깃든다.

A. 다음 낱말의 우리말 뜻을 쓰시오.

1. worry _____
2. move _____
3. result _____
4. difficult _____

5. movie _____
6. office _____
7. stay _____
8. afternoon _____

B. 우리말과 같은 뜻의 영어 낱말을 쓰시오.

1. 행복한 _____
2. 만나다 _____
3. 나이 _____
4. 단체 _____

5. 이름 _____
6. 열다 _____
7. 멈추다 _____
8. 쉬운 _____

C. 우리말과 같은 뜻의 어구를 완성하시오.

1. 나란히 = side by _____
2. Bono의 진짜 이름 = Bono's _____ name
3. 도로의 오른쪽 측면 = the right-hand _____ of the road

D. 다음 우리말과 뜻이 같도록 문장을 완성하시오.

1. 모든 사람은 어려보이고 싶어 한다.

   = _____ wants to look younger.
2. 시험 결과는 이틀 후에 나올 거야.

   = The _____ of the test will come in two days.
3. 두 팀이 네트를 가로질러 마주보고 있다.

   = Two team _____ each other across the net.

Day 012

● **Preview Check** 오늘 학습할 낱말입니다. 이미 자신이 알고 있는 낱말에 ✔해 봅시다.

☐ month	☐ fish	☐ half	☐ matter
☐ beautiful	☐ visit	☐ spend	☐ wait
☐ park	☐ write	☐ busy	☐ point
☐ paper	☐ ago	☐ pick	☐ choose
☐ full	☐ fine	☐ sound	☐ health

수능 출제 랭킹 Basic

221

month
[mʌnθ]

명 월, 달
● We're moving house next month.
우리는 다음 달에 집을 이사를 한다.

222

beautiful
[bjúːtəfəl]

형 아름다운 → beauty 명 미(美)
● The sky looked really beautiful. 하늘이 무척 아름다웠다.

223

park
[pɑːrk]

명 공원 동 주차하다 합 parking lot 주차장
● We went for a walk in the park. 우리는 공원으로 산책을 갔다.
● You can't park here. 여기는 주차하면 안 됩니다.

224

paper
[péipər]

명 ① 종이 ② 신문
● I need some paper to take notes.
저는 메모할 종이가 조금 필요해요.

225

full
[ful]

형 가득한, 배부른
● The bus was almost full. 버스는 거의 만원이었다.
*be full of ~이 가득 차다(=be filled with)

226

fish
[fiʃ]

명 물고기, 생선 동 낚시하다
● He caught several fish in the river.
그는 강에서 물고기를 몇 마리 잡았다.
*go fishing 낚시하러 가다

Intermediate

227

visit
[vízit]

동 방문하다 명 방문 → visitor 명 방문객
- I visit my parents' every month.
  나는 매달 부모님 댁을 방문한다.

228

write
[rait]

동 wrote - written 쓰다, 편지를 써서 보내다 → writer 명 작가
- She wrote to him in France.
  그녀는 프랑스에 있는 그에게 편지를 썼다.

229

ago
[əgóu]

부 전에
- We met for the first time three years ago.
  우리는 3년 전에 처음 만났다.

230

fine
[fain]

형 ① 좋은, 멋진, 맑은 ② 미세한, 고운 명 벌금
- I went fishing on a fine day. 나는 맑은 날에 낚시를 갔다.
- a parking fine 주차 위반 벌금

231

half
[hæf]

명 반(半), 반시간 복 halves
- Please wait here for half an hour.
  여기서 30분 동안 기다려주세요.

232

spend
[spend]

동 spent - spent 소비하다
- How did you spend your time in Boston?
  보스톤에서 어떻게 시간을 보냈니?
  *spend+시간+~ing ~하며 시간을 보내다

233

busy
[bízi]

형 바쁜 반 free 한가한
- Are you busy tonight? 오늘 밤에 너는 바쁘니?
  *be busy ~ing ~하느라 바쁘다

234

pick
[pik]

동 따다, 고르다, 꺾다
- We enjoyed picking strawberries.
  우리는 딸기를 따는 게 즐거웠다.
  *pick up ① ~을 차에 태우러 가다 ② 집다 ③ 전화를 받다

Advanced

235

sound
[saund]

명 소리, 음(音) 동 ~처럼 들리다, ~인 것 같다 형 건강한
- I heard a strange sound last night.
  나는 어젯밤에 이상한 소리를 들었다.
- His voice sounded strange on the phone.
  그의 전화 목소리가 이상하게 들렸다.
- A sound mind in a sound body.
  건강한 신체에 건전한 정신이 깃든다.

236

matter
[mǽtər]

圐 일, 문제　图 중요하다
● What's the matter with you? 무슨 일이에요?
● Does it even matter to them? 그것이 그들에게 중요하기는 하니?
*as a matter of fact 사실은

237

wait
[weit]

图 기다리다
● I waited for him for twenty minutes.
　나는 그를 20분 동안 기다렸다.
*wait for 기다리다
*wait on 시중들다

238

point
[pɔint]

圐 ① 요점 ② 의견 ③ 점수 ④ 점(.)　图 가리키다
● I think I missed the point. 내가 요점을 놓친 것 같군요.
● They won on points. 그들은 점수로 이겼다.

239

choose
[tʃuːz]

图 chose - chosen 고르다, 선택하다 → choice 圐 선택
● I chose one from among three puppies.
　나는 세 마리의 강아지 중에서 한 마리를 골랐다.

240

health
[helθ]

圐 건강　凡 illness 병 → healthy 圀 건강한
● He should take care of his health more.
　그는 그의 건강을 좀 더 돌보아야 한다.

중간기말에 꼭 나오는 파생어

형용사	명사	동사	명사
different 다른	difference 차이	meet 만나다	meeting 만남
important 중요한	importance 중요성	feel 느끼다	feeling 느낌
difficult 어려운	difficulty 어려움	mean 뜻하다	meaning 뜻
beautiful 아름다운	beauty 미	begin 시작하다	beginning 시작
real 실제의	reality 실제	understand 이해하다	understanding 이해
happy 행복한	happiness 행복	move 움직이다	movement 이동
kind 친절한	kindness 친절	choose 고르다	choice 선택
healthy 건강한	health 건강	arrive 도착하다	arrival 도착
noisy 시끄러운	noise 소음	explain 설명하다	explanation 설명
pleasant 즐거운	pleasure 즐거움	excite 흥분시키다	excitement 흥분

A. 다음 낱말의 우리말 뜻을 쓰시오.

1. matter   _____
2. spend   _____
3. health   _____
4. sound   _____

5. month   _____
6. wait   _____
7. choose   _____
8. pick   _____

B. 우리말과 같은 뜻의 영어 낱말을 쓰시오.

1. 종이   _____
2. 물고기   _____
3. 쓰다   _____
4. 공원   _____

5. 가득한   _____
6. 방문하다   _____
7. 바쁜   _____
8. 아름다운   _____

C. 우리말과 같은 뜻의 어구를 완성하시오.

1. 3달 전에 = three months _____
2. 낚시하러 가다 = go _____
3. 30분 동안 = for _____ an hour

D. 다음 우리말과 뜻이 같도록 문장을 완성하시오.

1. 우리는 이런 종류의 종이를 한지라고 부른다.
   = We call this kind of _____ Hanji.
2. 그것은 전혀 다른 문제이다.
   = That's quite another _____.
3. 내게 손가락으로 가리키지 마세요.
   = Don't _____ your fingers at me.
4. 나를 걱정하지 마. 괜찮아 질 거야.
   = Don't care about me. I'll be _____.

Day 013

● **Preview Check** 오늘 학습할 낱말입니다. 이미 자신이 알고 있는 낱말에 ✔해 봅시다.

- ☐ poor
- ☐ picture
- ☐ word
- ☐ sea
- ☐ walk

- ☐ top
- ☐ door
- ☐ son
- ☐ popular
- ☐ country

- ☐ tour
- ☐ near
- ☐ ready
- ☐ short
- ☐ power

- ☐ head
- ☐ moment
- ☐ guess
- ☐ cost
- ☐ case

수능 출제 랭킹

Basic

241

poor
[puər]

형 **가난한, 불쌍한** 동 bad, 반 rich, good
- What should we do to help poor people?
  우리가 가난한 사람들을 도우려면 무엇을 해야 하나요?

242

picture
[píktʃər]

명 **그림, 사진**
- She likes painting pictures. 그녀는 그림 그리기를 좋아한다.
  *take a picture 사진을 찍다

243

word
[wəːrd]

명 ① **낱말(單語), 말** ② **약속** 동 promise 약속
- He often breaks his word. 그는 종종 자신의 약속을 어긴다.
  *in other words 다시 말해서

244

sea
[siː]

명 **바다** 동 ocean, 반 land 육지
- I like swimming in the sea. 나는 바다에서 수영하기를 좋아한다.

245

walk
[wɔːk]

동 **걷다, 산책하다** 명 **산책**
- I usually walk to school. 나는 대개 학교에 걸어서 다닌다.
  *take a walk 산책하다

246

top
[tap]

명 **정상, 꼭대기** 반 bottom 맨 아래 형 **최고의**
- I climbed the top of the mountain.
  나는 그 산의 정상에 올라갔다.

247

door
[dɔːr]

명 문
- He walked out the door. 그가 문 밖으로 걸어 나갔다.

248

son
[sʌn]

명 아들 반 daughter 딸
- His son is a police officer. 그의 아들은 경찰이다.

Intermediate

249

popular
[pápjulər]

형 ① 인기 있는 ② 대중적인 ③ 유행의
- Her song is popular among young people.
  그녀의 노래는 젊은이들 사이에 인기가 있다.

250

country
[kʌ́ntri]

명 ① 국가, 나라 ② 시골, 고장
- The president visited Asian countries.
  대통령은 아시아 국가들을 방문했다.

251

tour
[tuər]

명 관광, 여행 → tourist 명 관광객
- What time does the next tour leave?
  다음 관광은 몇 시에 출발합니까?

252

near
[niər]

형 가까운 동 close 부 가까이, 근처에 반 far 전 ~에서 가까이
- His house is very near. 그의 집은 아주 가깝다.

253

ready
[rédi]

형 준비가 된
- Are you nearly ready? 너는 준비가 거의 다 됐니?
- *be ready for ~할 준비가 되다

254

short
[ʃɔːrt]

형 짧은, 키가 작은 반 long 긴, tall 키가 큰
- My dog has short legs. 나의 개는 다리가 짧다.

255

power
[páuər]

명 ① 힘 ② 권력 ③ 능력
- The king gave up his power.
  왕은 자신의 권력을 포기했다.

256

head
[hed]

명 ① 머리 ② 책임자 동 향하다, 가다, 이끌다
- Where are we heading? 우리 어디로 가는 거예요?

257

moment
[móumənt]

명 잠깐, 순간, 때 동 minute, instant
- Wait a moment, please. 잠깐 기다리세요.

258

guess
[ges]

동 추측하다, 생각하다 동 think, suppose 명 추측, 짐작
- Can you guess his age? 그의 나이를 추측해 볼 수 있니?

259

cost
[kɔːst]

동 cost - cost 비용이 들다 명 비용, 값
- How much does it cost? 비용이 얼마나 들죠?
- the high cost of housing 높은 주거비

260

case
[keis]

명 ① 경우 ② 사건 ③ 소송 ④ 상자
- Push this button in case of fire.
  화재가 발생할 경우에 이 버튼을 누르시오.

중간기말에 꼭 나오는 반의어

near 가까이 **far** 멀리	1. Visitors came from **near** and **far**. 멀고 가까운 데서 방문객들이 찾아왔다. 2. The restaurant is not **far** from here. 그 식당은 여기서 멀지 않다.
poor 가난한 **rich** 부유한	1. He was **poor** when he was young. 그는 어렸을 때 가난했다. 2. He is **rich** but not happy. 그는 부자지만 행복하지는 않다.
short 키가 작은 **tall** 키가 큰	1. I am **shorter** than Bill. 나는 빌보다 키가 작다. 2. What a **tall** man he is! 그 사람 키가 참 크다!
top 꼭대기 **bottom** 바닥	1. The **top** of the tower cannot be seen. 그 탑의 꼭대기는 보이지 않는다. 2. I will start at the **bottom**. 바닥에서 시작할 거예요.
happy 행복한 **unhappy** 불행한	1. You don't look very **happy** today. 너는 오늘은 별로 행복해 보이지가 않는구나. 2. He was **unhappy** at that time. 그는 그 당시 불행했다.

A. 다음 낱말의 우리말 뜻을 쓰시오.

1. country _____
2. popular _____
3. picture _____
4. tour _____

5. power _____
6. guess _____
7. ready _____
8. cost _____

B. 우리말과 같은 뜻의 영어 낱말을 쓰시오.

1. 가난한 _____
2. 낱말 _____
3. 바다 _____
4. 경우 _____

5. 정상 _____
6. 문 _____
7. 아들 _____
8. 짧은 _____

C. 우리말과 같은 뜻의 어구를 완성하시오.

1. 산책하다 = take a _____
2. 사진을 찍다 = take a _____
3. 다시 말해서 = in other _____

D. 다음 우리말과 뜻이 같도록 문장을 완성하시오.

1. 나는 비용 걱정은 안 해요.
   = I don't care about the _____.
2. 저는 집에 가야할 것 같네요.
   = I think I should _____ home.
3. 나의 집 근처에 가게가 있다.
   = There's a store _____ my house.
4. 바로 그 순간 비가 내리기 시작했다.
   = It began to rain at that very _____.

Day 014

● **Preview Check** 오늘 학습할 낱말입니다. 이미 자신이 알고 있는 낱말에 ✔해 봅시다.

- ☐ tree
- ☐ wonderful
- ☐ cold
- ☐ heart
- ☐ interesting

- ☐ student
- ☐ science
- ☐ watch
- ☐ close
- ☐ weather

- ☐ quite
- ☐ maybe
- ☐ plant
- ☐ forget
- ☐ send

- ☐ space
- ☐ famous
- ☐ serious
- ☐ reporter
- ☐ rest

Basic

261

tree
[triː]

명 나무 참 wood 목재, 장작, 숲
- A boy is climbing a tree. 소년이 나무에 올라가고 있다.

262

wonderful
[wʌ́ndərfəl]

형 ① 멋진, 훌륭한 ② 경이로운, 불가사의한
- It's wonderful to see you! 당신을 만나다니 정말 신나요!

263

cold
[kould]

형 ① 추운, 찬 반 hot 더운 ② 냉정한 명 ① 추위 ② 감기
- It was very cold on that day. 그날은 매우 추웠다.

264

heart
[haːrt]

명 가슴, 심장, 마음
- She has a kind heart. 그녀는 마음씨가 친절하다.

265

interesting
[íntərəstiŋ]

형 재미있는 → interested 형 관심[흥미] 있는 interest 명 관심, 흥미
- Science is an interesting subject. 과학은 재미있는 과목이다.

266

student
[stjúːdnt]

명 학생
- I was a student at that time. 나는 그 당시에 학생이었다.

267

science
[sáiəns]

명 과학
- I am interested in studying science.
  나는 과학 공부에 흥미가 있다.

268 watch
[wɑtʃ]

동 보다, 주시하다　명 ① 감시, 불침번 ② 시계
- It's interesting to watch the stars.
  별을 관찰하는 것은 재미있다.
- My watch is two minutes fast. 내 시계는 2분 빠르다.

269 close
[klouz]

동 닫다, 덮다 반 open 열다　형 [klous] 가까운 동 near
- She closed the door. 그녀는 문을 닫았다.
- My new house is close to the school.
  나의 새로 이사 간 집은 학교와 가깝다.

270 weather
[wéðər]

명 날씨
- What's the weather like today? 오늘은 날씨가 어때요?

271 quite
[kwait]

부 꽤, 상당히, 아주
- Ella is quite a pretty girl, isn't she?
  Ella는 아주 예쁜 소녀야, 그렇지 않니?

272 maybe
[méibiː]

부 아마, 어쩌면
- Maybe he'll come, maybe he won't.
  어쩌면 그가 올지도 모르고 어쩌면 안 올지도 몰라.

273 plant
[plænt]

명 ① 식물 ② 공장 동 factory 동 심다
- Few plants grow in the desert.
  사막에는 식물이 거의 자라지 않는다.

274 forget
[fərgét]

동 forgot - forgotten 잊다　반 remember 기억하다
- I'll never forget seeing her here.
  내가 여기서 그녀를 만난 것을 잊지 않을 거야.

275 send
[send]

동 sent - sent 보내다, 전하다
- She sent the letter by airmail.
  그녀는 그 편지를 항공 우편으로 보냈다.

 Advanced

276 space
[speis]

명 ① 공간 동 room ② 우주 동 universe
- I'd like to travel through space. 나는 우주로 여행하고 싶다.

277 famous
[féiməs]

형 유명한 동 well-known
- He became a famous writer. 그는 유명한 작가가 되었다.

278

serious
[síəriəs]

형 심각한, 진지한 → seriously 부
- Kevin was serious about the matter.
  Kevin은 그 일을 진지하게 생각하고 있었다.

279

reporter
[ripɔ́:rtər]

명 기자, 보고자 → report 동 보고하다 명 보고
- I want to be a reporter. 나는 기자가 되고 싶다.

280

rest
[rest]

명 ① 휴식 ② 나머지 동 쉬다
- Let's take a rest under the tree. 나무 밑에서 쉽시다.
  *take a rest 휴식을 취하다

중간기말에 꼭 나오는 다의어

head

1. 머리
  - She nodded her head. 그녀가 고개를 끄덕였다.
2. 가다, 향하다
  - She headed for the door. 그녀가 문 쪽으로 갔다.

close

1. 닫다, 덮다
  - What time do you close today? 오늘은 몇 시에 문을 닫죠?
2. 가까운, 친한
  - The two buildings are close together.
    그 두 건물은 서로 가까이에 있다.

plant

1. 심다
  - You need to plant a lot of seeds.
    너는 많은 씨앗을 심을 필요가 있다.
2. 식물
  - The plant grows only in Asia. 그 식물은 아시아에서만 자란다.
3. 공장
  - They work at the plant. 그들은 그 공장에서 일을 한다.

watch

1. 보다, 주시하다
  - I watch your program for years.
    나는 너의 프로그램을 몇 년 동안 보고 있다.
2. 시계
  - The watch is half an hour slow. 시계가 30분 느리다.

A. 다음 낱말의 우리말 뜻을 쓰시오.

1. science _____
2. heart _____
3. quite _____
4. plant _____

5. space _____
6. serious _____
7. maybe _____
8. weather _____

B. 우리말과 같은 뜻의 영어 낱말을 쓰시오.

1. 나무 _____
2. 추운 _____
3. 학생 _____
4. 시계 _____

5. 가까운 _____
6. 잊다 _____
7. 보내다 _____
8. 기자 _____

C. 주어진 말의 동의어를 쓰시오.

1. near = _____
2. room = _____
3. factory = _____
4. well-known = _____

D. 다음 우리말과 뜻이 같도록 문장을 완성하시오.

1. 수학은 내게 가장 재미있는 과목이다.

= Math is the most _____ subject to me.

2. 이 집은 정말 훌륭하다.

= This really is a _____ house.

3. 휴식을 취해라, 그러면 기분이 좋아질 것이다.

= Take a _____ and you'll feel better.

4. 감기에 걸려서 냄새를 못 맡는다.

= I can't smell because I have a _____ .

Day 015

● **Preview Check** 오늘 학습할 낱말입니다. 이미 자신이 알고 있는 낱말에 ✔해 봅시다.

☐ story   ☐ wind   ☐ animal   ☐ seat
☐ dinner   ☐ earth   ☐ glass   ☐ cause
☐ size   ☐ travel   ☐ run   ☐ flight
☐ yesterday   ☐ inside   ☐ plan   ☐ control
☐ clean   ☐ line   ☐ present   ☐ expensive

Basic

281

story
[stɔ́:ri]

명 이야기
● Kevin likes reading old stories.
Kevin은 옛날이야기를 읽는 것을 좋아한다.

282

dinner
[dínər]

명 저녁 식사
● We had an early dinner today. 우리는 오늘 이른 **저녁밥을** 먹었다.

283

size
[saiz]

명 크기
● The jacket was the wrong size. 그 재킷이 **치수가** 맞지 않았다.

284

yesterday
[jéstərdèi]

부 어제(는) 명 어제 참 today 오늘, tomorrow 내일
● It was cloudy yesterday. 어제는 날씨가 흐렸다.

285

clean
[kli:n]

동 청소하다 형 깨끗한 반 dirty 더러운
● I have to clean my room every day.
나는 매일 나의 방을 **청소해야** 한다.

286

wind
[wind]

명 바람 → windy 형 바람이 많이 부는
● A north wind is very cold in winter.
겨울에 부는 북풍은 매우 차다.

Intermediate

287

earth
[ə:rθ]

명 ① 지구 동 globe 세계 ② 땅, 흙 동 land, ground, soil
● Columbus believed that the earth is round.
콜럼버스는 지구가 둥글다고 믿었다.

288

travel
[trǽvəl]

동 여행하다 명 여행 → traveler 명 여행자
● I want to travel around the world. 나는 세계 여행을 하고 싶다.
● Did you enjoy your travel? 여행은 즐거우셨나요?

289

inside
[ìnsáid]

부 안쪽으로, 내부로 전 ~의 안으로 반 outside ~밖으로
● The door opens inside. 그 문은 안쪽으로 열린다.
● Go inside the house. 집 안으로 들어가.

290

line
[lain]

명 ① 선(線) ② 줄, 행렬 ③ (문장의) 행(行)
● I stood in a line to get a ticket. 나는 표를 사려고 줄을 섰다.

291

animal
[ǽnəməl]

명 동물 반 plant 식물
● These animals were brought from Africa.
이 동물들은 아프리카에서 가져왔다.

292

glass
[glæs]

명 ① 유리 ② 유리잔 ③ (-es) 안경
● How about a glass of milk? 우유 한 잔 마실래?
● I wear glasses for driving. 나는 운전할 때는 안경을 쓴다.

293

run
[rʌn]

동 ran - run ① 뛰다 ② 흐르다 ③ 경영하다
● The river runs through the city.
강이 시내 가운데를 뚫고 흐르고 있다.
● I run the cake shops and the bakery.
나는 케이크 가게와 빵집을 운영한다.

294

plan
[plæn]

명 계획 동 계획을 세우다
● Do you have any plans tomorrow? 내일 어떤 계획이 있니?
● We are planning to go fishing. 우리는 낚시하러 갈 계획이다.

295

present
[préznt]

명 ① 선물 동 gift ② 현재 형 ① 현재의 ② 출석한 반 absent 결석한 동 [prizént] 주다, 제출하다
● Mom gave me a nice present on my birthday.
엄마께서 내 생일날에 멋진 선물을 주셨다.
● All the members were present at the meeting.
모든 멤버들이 모임에 참석했다.

296

seat
[si:t]

명 좌석, 자리
● Please take your seat. 자기 자리에 앉으십시오.

63

Advanced

297

cause
[kɔːz]

동 ~의 원인이 되다, 일으키다 명 원인, 이유 반 effect, result 결과
- Are you causing trouble again? 너는 또 말썽 피우는 거니?
- The police didn't find the cause of the fire.
  경찰은 그 화재의 원인을 찾지 못했다.

298

flight
[flait]

명 ① 항공편 ② 비행 → fly 동 날다, 비행하다
- The flight to New York will leave at 9.
  뉴욕에 가는 항공편은 9시에 떠납니다.

299

control
[kəntróul]

동 지배하다, 조절하다 명 지배, 억제
- It's difficult for him to control himself.
  그가 감정을 억제하는 것은 어렵다.

300

expensive
[ikspénsiv]

형 값이 비싼 동 costly, 반 cheap 값이 싼
- The dress is too expensive for me. 그 옷은 내게 너무 비싸다.

중간기말에 꼭 나오는 반의어

expensive 비싼 cheap 싼	1. The clock is very old and expensive. 그 시계는 매우 오래되어 비싸다. 2. These sneakers are very cheap. 이 운동화는 매우 싸다.
present 출석한 absent 결석한	1. Many people are present at the meeting. 많은 사람들이 회의에 참석한다. 2. Kevin is absent today. Kevin은 오늘 결석이다.
clean 깨끗한 dirty 더러운	1. Are your hands clean? 너의 손은 깨끗하니? 2. The building is very dirty. 그 건물은 몹시 더럽다.
cold 추운 hot 더운	1. It's not cold today, is it? 오늘은 춥지가 않죠, 그렇죠? 2. The weather is very hot today. 오늘은 날씨가 몹시 덥다.
cause 원인 result 결과	1. The cause of the fire is unknown. 그 화재의 원인은 뚜렷하지 않다. 2. He wants to know the result. 그는 몹시 그 결과를 알고 싶어 한다.

A. 다음 낱말의 우리말 뜻을 쓰시오.

1. earth _____
2. inside _____
3. control _____
4. expensive _____

5. plan _____
6. cause _____
7. seat _____
8. flight _____

B. 우리말과 같은 뜻의 영어 낱말을 쓰시오.

1. 이야기 _____
2. 저녁밥 _____
3. 줄 _____
4. 동물 _____

5. 바람 _____
6. 여행 _____
7. 깨끗한 _____
8. 뛰다 _____

C. 다음 우리말과 뜻이 같도록 문장을 완성하시오.

1. 그들은 어제 도착했다.
   = They arrived _____.
2. 나는 그 모임에 참석했다.
   = I was _____ at the meeting.
3. 어떤 크기의 셔츠를 찾으세요?
   = What _____ shirt are you looking for?
4. 그 남자가 안경을 써 보고 있다.
   = The man is trying on _____.
5. 너는 Kevin만큼 빨리 달릴 수 있니?
   = Can you _____ as fast as Kevin?
6. 아빠는 작년에 작은 식당을 운영하셨다.
   = My father _____ a small restaurant last year.

Day 016

● **Preview Check** 오늘 학습할 낱말입니다. 이미 자신이 알고 있는 낱말에 ✓해 봅시다.

☐ sleep   ☐ birthday   ☐ street   ☐ social
☐ speak   ☐ doctor   ☐ town   ☐ college
☐ table   ☐ evening   ☐ excuse   ☐ certain
☐ strong   ☐ station   ☐ practice   ☐ imagine
☐ hot   ☐ voice   ☐ fact   ☐ process

수능 출제 랭킹

Basic

301

sleep
[sliːp]

图 slept - slept **잠자다** 명 잠 → sleepy 형 졸음이 오는
● I slept with my cat yesterday. 나는 어제 나의 고양이와 함께 잤다.

302

speak
[spiːk]

图 spoke - spoken **말하다, 연설하다** → speech 명 연설
● Jacob speaks Korean very well. Jacob은 한국말을 아주 잘 한다.

303

table
[téibl]

명 **식탁, 탁자**
● Your bag is on the table. 너의 가방은 탁자 위에 있다.
*at table 식사 중인

304

strong
[strɔːŋ]

형 **강한, 힘 센** 반 weak 약한 → strength 명 힘
● David is strong in body and mind.
David는 육체도 정신도 강하다.

305

hot
[hɑt]

형 **더운, 뜨거운** 반 cold 추운
● It was very hot last summer. 지난여름은 몹시 더웠다.

306

birthday
[bə́ːrθdèi]

명 **생일**
● When is your birthday? 당신의 생일은 언제입니까?

307

doctor
[dɑ́ktər]

명 **의사, 박사**
● All my uncles are doctors. 삼촌들 모두 의사이다.

308

evening
[íːvniŋ]

몡 저녁
- I always come home at six in the evening.
  나는 항상 저녁 6시에 귀가한다.

Intermediate

309

station
[stéiʃən]

몡 ① 역, 정거장 ② 방송국
- Would you show me the way to the station?
  당신은 역으로 가는 길을 알려주시겠어요?

310

voice
[vɔis]

몡 목소리, 음성
- I heard the children's voices in the park.
  나는 공원에서 어린이들의 목소리를 들었다.

311

street
[striːt]

몡 거리, 도로, ~가(街)
- The bank is just across the street. 은행은 도로 건너편에 있다.

312

town
[taun]

몡 소도시, 읍
- She is from a small town in China.
  그녀는 중국의 소도시 출신이다.

313

excuse
[ikskjúːz]

통 용서하다, 양해하다 몡 [ikskjúːs]변명, 이유
- Please excuse me for being late.
  제가 지각한 것을 용서해주십시오.

314

practice
[prǽktis]

통 연습하다, 실천하다 몡 연습, 실천
- They are practicing baseball in the field.
  그들은 운동장에서 야구 연습을 하고 있다.

Advanced

315

fact
[fækt]

몡 사실, 현실 통 truth
- This book tells facts. 이 책은 사실을 말한다.
  *in fact 사실은

67

316

social
[sóuʃəl]

형 ① 사회의 ② 사교적인 → society 명 사회
- He wrote a book about social changes.
  그는 사회 변화에 대한 책을 썼다.

317

college
[kɑ́lidʒ]

명 대학, 학부
- My brother goes to college. 형은 대학에 다닌다.

318

certain
[sə́:rtn]

형 확실한, 확신하는 → certainly 부 확실하게
- I am certain he is honest. 나는 그가 정직하다고 확신한다.

319

imagine
[imǽdʒin]

동 상상하다, 그리다
- I can't imagine life without the children now.
  나는 이제 그 아이들이 없는 삶은 상상할 수도 없다.

320

process
[prɑ́ses]

명 과정, 절차 동 가공하다, 처리하다
- We're in the process of selling our house.
  우리는 우리 집을 매도하는 절차를 밟고 있다.

중간기말에 꼭 나오는 영영풀이어 1

1. famous	known by many people
2. cause	make something happen
3. health	the condition of being free from disease
4. visit	go somewhere to spend time with someone
5. uncle	the brother of someone's mother or father
6. find	discover something
7. voice	the sound that you make when you are speaking
8. percent	one part in a hundred
9. sick	not well or healthy
10. rest	do nothing active for a while

A. 다음 낱말의 우리말 뜻을 쓰시오.

1. certain _____
2. street _____
3. town _____
4. strong _____

5. voice _____
6. college _____
7. practice _____
8. imagine _____

B. 우리말과 같은 뜻의 영어 낱말을 쓰시오.

1. 잠자다 _____
2. 더운 _____
3. 의사 _____
4. 저녁 _____

5. 식탁 _____
6. 말하다 _____
7. 역 _____
8. 사실 _____

C. 다음 우리말과 뜻이 같도록 문장을 완성하시오.

1. 오늘이 바로 내 생일이다.

   = This very day is my _____.

2. 실례지만, 지금 몇 시예요?

   = _____ me, what time is it?

3. 역으로 가는 길을 가르쳐 주시오.

   = Please show me the way to the _____.

4. 물론 그 과정은 아직 끝나지 않았다.

   = Of course, the _____ is not yet over.

5. 사실은, 그것은 굉장한 아이디어이다.

   = In _____ that's a great idea.

6. 나의 여동생은 사회 과목을 좋아한다.

   = My sister likes _____ studies.

Day 017

● **Preview Check** 오늘 학습할 낱말입니다. 이미 자신이 알고 있는 낱말에 ✔해 봅시다.

☐ center	☐ bed	☐ clothes	☐ grow
☐ fun	☐ market	☐ cut	☐ perfect
☐ lunch	☐ question	☐ library	☐ illegal
☐ mail	☐ weight	☐ listen	☐ pretty
☐ black	☐ answer	☐ fall	☐ letter

Basic

321

center
[séntər]

몡 중앙, 중심 → central 혱 중앙의
● My school is in the center of the city.
나의 학교는 시의 중심지에 있다.

322

fun
[fʌn]

몡 재미, 장난 혱 재미있는, 즐거운 → funny 혱 재미있는
● It's fun to play with children. 어린이들과 노는 것은 재미있다.

323

lunch
[lʌntʃ]

몡 점심
● We had lunch in the park. 우리는 공원에서 점심을 먹었다.

324

mail
[meil]

몡 우편, 우편물 동 우편으로 보내다 합 mailbox 우편함
● There isn't much mail today. 오늘은 우편물이 많지 않다.

325

black
[blæk]

혱 검은
● She was wearing a black hat. 그녀는 검은 모자를 쓰고 있었다.

326

bed
[bed]

몡 침대
● I sat on the bed for a while. 나는 잠깐 침대에 앉았다.

327

market
[máːrkit]

몡 시장
● My mother is shopping at the market.
나의 엄마는 시장에서 장을 보는 중이다.

Intermediate

328

question
[kwéstʃən]

명 질문, 문제 동 problem, 반 answer
● May I ask you some questions? 제가 질문해도 되나요?

329

weight
[weit]

명 무게, 체중 → weigh 동 무게가 ~이다, 무게를 달다
● I have to watch my weight. 저는 체중에 신경을 써야 해요.
＊lose weight 살을 빼다

330

answer
[ǽnsər]

명 대답 동 대답하다
● My friend didn't answer my question.
나의 친구는 나의 질문에 대답하지 않았다.

331

clothes
[klouz]

명 옷 참 cloth 천
● I need to buy new winter clothes.
나는 새 겨울옷을 살 필요가 있다.

332

cut
[kʌt]

동 cut - cut ① 자르다 ② 베다 ③ 삭감하다 명 상처, 삭감, 삭제
● She cut her finger on a piece of glass.
그녀는 유리 조각에 손가락을 베였다.

333

library
[láibrèri]

명 도서관
● I left my bag behind in the library.
저는 도서관에 저의 가방을 놔두고 왔어요.

334

listen
[lísn]

동 귀 기울여 듣다 참 hear 듣다, 들리다
● My boyfriend just doesn't listen to me.
내 남자 친구는 도무지 내 말을 귀담아 듣질 않아.

335

fall
[fɔːl]

동 fell - fallen ① 떨어지다 ② 넘어지다 명 ① 가을 동 autumn
② 폭포
● The rain was falling steadily. 비가 쉼 없이 내렸다.

336

grow
[grou]

동 grew - grown 자라다, 기르다 → growth 명 성장
● Plants don't grow well in the shade.
식물은 그늘에서 잘 자라지 않는다.

Advanced

337

perfect
[pə́ːrfikt]

형 완전한 동 complete → perfectly 부, perfection 명
● Ella speaks perfect English. 엘라는 완벽한 영어를 구사한다.

338

illegal
[ilíːgəl]

형 불법적인 반 legal 합법적인
● It's illegal to drive through a red light.
빨간 신호등에서 달리는 것은 불법이다.

339

pretty
[príti]

형 예쁜 부 꽤, 아주, 매우
- She looks pretty in that dress. 그녀는 저 옷이 예뻐 보인다.
- The game was pretty good. 그 경기는 꽤 괜찮았다.

340

letter
[létər]

명 ① 편지 ② 문자
- Kevin wrote a long letter to his mother.
  Kevin은 긴 편지를 써서 엄마에게 보냈다.

중간기말에 꼭 나오는 다의어

run

1. 뛰다, 달리다
- Ella came running to meet us. Ella가 우리를 맞이하러 달려왔다.

2. 경영하다, 운영하다
- The college runs summer courses.
  그 대학에서는 하계 강좌를 운영합니다.

present

1. 선물
- Thank you for your birthday present.
  생일 선물을 보내줘서 고마워.

2. 출석한
- Last night all the members were present.
  어젯밤에 모든 회원들이 출석했다.

3. 현재
- At present, that does not happen.
  현재는 그런 일이 일어나지 않는다.

pretty

1. 예쁜
- He bought some pretty dresses for his daughter.
  그는 자신의 딸에게 예쁜 옷을 몇 벌 사주었다.

2. 꽤, 아주, 매우, 정말
- Actually, I think she's pretty cool.
  실은, 그녀가 정말 멋지다고 생각해.

fall

1. 떨어지다
- Leaves fall off trees. 나뭇잎이 나무에서 떨어진다.

2. 넘어지다
- Bill fell on the ground. Bill은 땅에 넘어졌다.

3. 가을
- Korea is very beautiful in the fall. 한국은 가을에 매우 아름답다.

A. 다음 낱말의 우리말 뜻을 쓰시오.

1. mail _____
2. grow _____
3. clothes _____
4. weight _____

5. listen _____
6. question _____
7. answer _____
8. fall _____

B. 우리말과 같은 뜻의 영어 낱말을 쓰시오.

1. 검정의 _____
2. 침대 _____
3. 시장 _____
4. 점심 _____

5. 재미 _____
6. 중앙 _____
7. 완전한 _____
8. 도서관 _____

C. 다음 우리말과 뜻이 같도록 문장을 완성하시오.

1. 사정이 아주 좋은 것 같아요!

   = Things are looking _____ good!

2. 그것이 불법인줄 전혀 몰랐어.

   = I didn't even know it was _____.

3. 나는 재미 삼아 이 일을 시작했다.

   = I started this work for _____.

4. 나는 그에게 편지를 부쳐달라고 부탁했다.

   = I asked him to mail the _____.

5. 나의 남동생이 칼로 케이크를 잘랐다.

   = My brother _____ the cake with a knife.

Day 018

● **Preview Check** 오늘 학습할 낱말입니다. 이미 자신이 알고 있는 낱말에 ✔해 봅시다.

☐ hair	☐ box	☐ vacation	☐ newspaper
☐ land	☐ shop	☐ wear	☐ blood
☐ color	☐ weekend	☐ type	☐ nature
☐ dark	☐ hospital	☐ fast	☐ lose
☐ tired	☐ hold	☐ favorite	☐ save

수능 출제 랭킹

Basic

341

hair
[hɛər]

® 머리카락
● I'm doing my hair. 나는 머리를 손질하고 있는 중이야.

342

land
[lænd]

® 땅, 육지, 토지 ⑧ 착륙하다 ⑪ take off 이륙하다
● The elephant is the largest living land animal.
코끼리는 현존하는 가장 큰 육지 동물이다.

343

color
[kʌ́lər]

® 색 → colorful ⑱ 형형색색의, 색이 다채로운
● What color do you like the best?
당신은 어느 색을 가장 좋아하세요?

344

dark
[dɑːrk]

⑱ 어두운 ⑪ light 밝은
● I could see nothing in the dark room.
나는 어두운 방에서 아무것도 볼 수 없었다.

345

tired
[taiərd]

⑱ 피곤한, 지친
● Kevin was very tired and went to bed early.
Kevin은 너무 지쳐서 일찍 잤다.

346

box
[bɑks]

® 상자
● There are some oranges in the box.
그 상자에는 오렌지가 조금 있다.

347

shop
[ʃɑp]

명 가게, 상점 동 store
- The shop is open from 10:00 am. 그 가게는 오전 10시에 연다.

Intermediate

348

weekend
[wíːkènd]

명 주말
- The office is closed on the weekend.
  그 사무실은 주말에는 문을 닫는다.

349

hospital
[háspitl]

명 병원
- I work nights at the hospital. 나는 병원에서 야간에 일을 한다.

350

hold
[hould]

동 held - held ① 잡다 ② 유지하다, 계속되다 ③ 개최하다
- Please hold my hand. 제 손을 잡으세요.

351

vacation
[veikéiʃən]

명 방학, 휴가
- summer vacation 여름 방학

352

wear
[wɛər]

동 wore - worn ① 입다, 신다, 매다 ② 닳다, 낡다, 해어지다
- Do I have to wear a tie? 제가 넥타이를 매야만 합니까?

353

type
[taip]

명 유형, 종류 동 타자 치다
- I love these types of books.
  나는 이런 종류의 책들을 아주 좋아한다.

354

fast
[fæst]

형 빠른 반 slow 부 빨리
- Alice can run very fast. Alice는 매우 빨리 달릴 수 있다.

355

favorite
[féivərit]

형 매우 좋아하는 명 좋아하는 사람(것)
- my favorite movie star 내가 가장 좋아하는 영화배우

356
newspaper
[núːzpèipər]

명 신문
- a daily newspaper 일간지

357
blood
[blʌd]

명 피
- The nurse took some blood from my arm.
  간호사가 나의 팔에서 약간의 채혈을 했다.

358
nature
[néitʃər]

명 ① 자연 ② 천성, 본질 → natural 형 자연의, 타고난, naturally 부 당연히, 자연스럽게
- the beauties of nature 자연의 아름다움(美)

359
lose
[luːz]

동 lost - lost ① 잃어버리다, 잃다 ② 지다 반 win 이기다
- I lost my car key at the beach.
  나는 해변에서 나의 차 열쇠를 잃어버렸다.

360
save
[seiv]

동 ① 구하다 ② 절약하다 ③ 모으다, 저금하다
- Doctors were able to save her. 의사들은 그녀를 살릴 수 있었다.

중간기말에 꼭 나오는 영영풀이어 2

1. hard	difficult to do or understand
2. guess	give an answer not to be sure of being correct
3. weekend	from Friday afternoon to Sunday
4. send	make something go especially by post, email, etc.
5. special	better or more important than other people or things
6. enough	as much as is needed or wanted
7. practice	do something regularly
8. writer	a person who writes books, stories as a job
9. gift	the thing that you give someone as a present
10. strong	having a lot of power so that you can lift heavy things

A. 다음 낱말의 우리말 뜻을 쓰시오.

1. hospital _____
2. favorite _____
3. newspaper _____
4. weekend _____

5. save _____
6. hold _____
7. nature _____
8. type _____

B. 우리말과 같은 뜻의 영어 낱말을 쓰시오.

1. 땅 _____
2. 색 _____
3. 어두운 _____
4. 피곤한 _____

5. 상자 _____
6. 가게 _____
7. 빠른 _____
8. 머리카락 _____

C. 다음 우리말과 뜻이 같도록 문장을 완성하시오.

1. 이번 방학 때 뭐를 할 거니?

   = What will you do this _____?

2. 너의 혈액형은 무엇이니?

   = What is your _____ type?

3. 나는 교복을 입고 싶지 않아.

   = I don't want to _____ uniforms.

4. 우리는 어제 강한 팀에게 패했다.

   = We _____ to a strong team yesterday.

5. 나는 새 자전거를 사려고 돈을 모았다.

   = I _____ for a new bike.

Day 019

● **Preview Check** 오늘 학습할 낱말입니다. 이미 자신이 알고 있는 낱말에 ✔해 봅시다.

☐ brown	☐ wide	☐ break	☐ dangerous
☐ drive	☐ drink	☐ island	☐ culture
☐ shoe	☐ ride	☐ act	☐ fire
☐ welcome	☐ ground	☐ wish	☐ follow
☐ tonight	☐ return	☐ floor	☐ insect

수능 출제 랭킹

Basic

361

brown
[braun]

형 갈색의, 햇볕에 탄 명 갈색
● brown eyes 갈색 눈동자

362

drive
[draiv]

동 운전하다
● I drove to work this morning. 나는 오늘 아침 차를 몰고 출근했다.

363

shoe
[ʃuː]

명 신발, 구두
● What's your shoe size? 당신의 신발 치수가 어떻게 되세요?

364

welcome
[wélkəm]

동 환영하다 형 환영 받는
● David welcomed us to his house.
David는 우리를 자신의 집에서 환영해주었다.

365

tonight
[tənáit]

부 오늘 밤에 명 오늘 밤
● It's cold tonight. 오늘 밤은 춥다.

366

wide
[waid]

형 폭이 넓은, 폭이 ~인 → width 명 폭, 너비
● How wide is that river? 저 강은 폭이 얼마나 되죠?

367

drink
[driŋk]

동 drank - drunk 마시다 명 음료
● What would you like to drink? 당신은 무엇을 마실래요?

368

ride
[raid]

동 rode - ridden 타다 명 타기
● I can't ride a horse. 나는 말을 타지 못한다.

Intermediate

369

ground
[ɡraund]

명 땅바닥, 운동장
- The ground is covered with snow. 운동장은 눈으로 덮혀있다.

370

return
[ritə́ːrn]

동 ① 돌아오다(가다) ② 돌려주다 ③ 갚다　명 귀환, 반납, 수익
- You have to return these books to the library.
  너는 이 책들을 도서관에 반납해야만 한다.

371

break
[breik]

동 broke - broken ① 깨다, 깨어지다 ② 고장 나다 ③ 어기다
명 휴식, 휴가
- He often breaks his word. 그는 자신의 약속을 자주 어긴다.

372

island
[áilənd]

명 섬
- Kevin will move to an island next month.
  Kevin은 다음 달에 어떤 섬으로 이사를 갈 것이다.

373

act
[ækt]

동 ① 행동하다 ② 연기하다 → action 명 행동, 연기
active 형 활발한
- We acted at once. 우리는 즉시 행동했다.

374

wish
[wiʃ]

동 바라다, 원하다　명 바람, 소원
- My son wishes to be a teacher.
  나의 아들은 교사가 되기를 바란다.

375

floor
[flɔːr]

명 ① 바닥 반 ceiling 천장 ② 층
- My room is on the second floor. 나의 방은 2층에 있다.

376

dangerous
[déindʒərəs]

형 위험한 반 safe 안전한 → danger 명 위험
- It is dangerous to swim here. 여기서 수영하는 것은 위험하다.

Advanced

377

culture
[kʌ́ltʃər]

명 ① 문화 ② 교양
- I'm interested in Korean culture. 나는 한국 문화에 관심이 많다.

378

fire
[faiər]

명 ① 불, 화재 ② 발사　동 ① 발사하다 ② 해고하다
- A small fire started in the kitchen.
  부엌에서 작은 불이 시작되었다.
  *make a fire 불을 피우다

379

follow
[fálou]

동 ① 따라가다, 따르다 ② 뒤를 잇다　반 lead 이끌다
• Night follows day. 밤은 낮 뒤에 찾아온다.

380

insect
[ínsekt]

명 곤충
• Ants and dragonflies are insects.
개미와 잠자리는 곤충이다.

중간기말에 꼭 나오는 다의어

break	1. 깨어지다, 깨다
	• He broke the chocolate in two.
	그가 초콜릿을 두 조각으로 부러뜨렸다.
	2. 고장 나다
	• My cell phone has broken. 내 휴대 전화가 고장 났어.
	3. 쉬다, 휴식, 휴가
	• She worked all day without a break.
	그녀는 하루 종일 휴식 없이 일했다.
floor	1. 바닥
	• You need to clean the floor. 너는 바닥을 청소할 필요가 있어.
	2. 층
	• My classroom is on the third floor. 나의 교실은 3층에 있다.
fire	1. 불, 화재
	• Forest fires often break out in the spring.
	봄에는 산불이 자주 발생한다.
	2. 해고하다
	• Bill got fired from his first job. Bill은 첫 직장에서 해고당했다.
save	1. 구하다
	• Lisa saved me from the fire. Lisa는 화재에서 나를 구했다.
	2. 저금하다, 모으다, 절약하다
	• We saved money to buy a house.
	우리는 집을 사려고 돈을 모았다.

A. 다음 낱말의 우리말 뜻을 쓰시오.

1. wish _____
2. insect _____
3. culture _____
4. island _____

5. floor _____
6. return _____
7. ground _____
8. dangerous _____

B. 우리말과 같은 뜻의 영어 낱말을 쓰시오.

1. 갈색의 _____
2. 운전하다 _____
3. 신발 _____
4. 넓은 _____

5. 오늘 밤 _____
6. 마시다 _____
7. 따르다 _____
8. 환영하다 _____

C. 다음 우리말과 뜻이 같도록 문장을 완성하시오.

1. 바보처럼 행동하지 마라!

   = Don't _____ like a fool!

2. 점심을 먹고 쉬었다 합시다.

   = Let's _____ for lunch.

3. 그것은 폭이 6미터쯤 된다.

   = The road is about 6 meters _____.

4. 나는 조금씩 돈을 모을 거야.

   = I'll _____ money little by little.

5. Kevin은 매일 아침 자전거를 탄다.

   = Kevin _____ his bike every morning.

6. 그 화재를 진압하는 데 두 시간이 걸렸다.

   = It took two hours to put out the _____.

7. 이 엘리베이터는 2층에는 서지 않습니다.

   = This elevator doesn't stop on the second _____.

Day 020

● **Preview Check** 오늘 학습할 낱말입니다. 이미 자신이 알고 있는 낱말에 ✔해 봅시다.

☐ hat ☐ hit ☐ piece ☐ view
☐ eye ☐ river ☐ fill ☐ foreign
☐ rain ☐ join ☐ fly ☐ recently
☐ slow ☐ forest ☐ deep ☐ various
☐ ball ☐ level ☐ minute ☐ produce

수능
출제
랭킹

Basic

381
hat
[hæt]

명 모자
● John left his hat in his house.
John은 자신의 **모자**를 집에 놓고 왔다.

382
eye
[ai]

명 눈
● I have something in my eye. 내 눈에 뭐가 들어갔어.

383
rain
[rein]

동 비가 오다 명 비 → rainy 형 비가 오는
● We have much rain in July in Korea.
한국의 7월에는 비가 많이 내린다.

384
slow
[slou]

형 느린, 늦는 반 fast → slowly 부 느리게
● My watch is a few minutes slow. 나의 시계는 몇 분 느리다.

385
ball
[bɔːl]

명 ① 공 ② 무도회
● The dog played with a ball. 그 개는 공을 가지고 놀았다.

386
hit
[hit]

동 hit - hit 치다, 때리다 동 strike 명 명중, 히트
● The boy hit a ball with a bat. 그 소년은 배트로 공을 쳤다.

387
river
[rívər]

명 강
● The river runs through the town.
그 강은 시내 가운데를 뚫고 흐르고 있다.

388
join
[dʒɔin]

동 ① 가입하다 ② 연결하다 ③ 함께하다
- I joined the football team a year ago.
  나는 1년 전에 축구팀에 가입했다.

389
forest
[fɔ́ːrist]

명 숲, 삼림(森林)
- A lot of animals live in the forest.
  많은 동물이 숲에 산다.

390
level
[lévəl]

명 수준
- What is the level of this course?
  이 강좌는 수준이 어떻게 됩니까?

391
piece
[piːs]

명 부분, 조각
- a piece of cake 케이크 한 조각

392
fill
[fil]

동 가득 채우다, 메우다 → full 형 가득한
- Children are filling the bottles with water.
  어린이들이 병에 물을 채우고 있다.

393
fly
[flai]

동 flew - flown ① 날다 ② 비행하다, 비행기를 타다
→ flight 명 비행(편)
- A lot of birds were flying in the sky.
  많은 새들이 하늘을 날고 있었다.

394
deep
[diːp]

형 깊은, 깊이가 ~인 반 shallow 얕은 → deeply 부 깊게
depth 명 깊이
- This lake is very deep.
  이 호수는 매우 깊다.

395
minute
[mínit]

명 분(分) 형 [mainjúːt] 미세한, 상세한
- It's four minutes to five. 지금 시간이 5시 4분 전이다.
  *in a few minutes 잠시 후
  *for a minute 잠시 동안(= for a while)

396

view
[vjuː]

명 ① 견해, 관점 ② 시야, 경관 → viewer 명 시청자
• Ella likes a view of nature. 엘라는 자연 경관을 좋아한다.

397

foreign
[fɔ́ːrən]

형 외국의 → foreigner 명 외국인
• I am interested in foreign culture.
나는 외국 문화에 관심이 있다.

398

recently
[ríːsntli]

부 최근에 → recent 형 최근의
• I read the book recently. 나는 최근에 그 책을 읽었다.

399

various
[vέəriəs]

형 여러 가지의, 각양각색의 → variety 명 여러 가지, vary 동 다르다
• People eat food in various ways.
사람들은 다양한 방식으로 음식을 먹는다.

400

produce
[prədjúːs]

동 생산하다 → producer 명 생산자, production 명 생산
• An onion will not produce a rose.
양파는 장미를 생산하지 않는다(콩 심은 데 콩 나고, 팥 심은 데 팥 난다).

중간기말에 꼭 나오는 파생어 2

형용사	명사	동사	명사
funny 재미있는	fun 재미	fly 날다	flight 비행
perfect 완전한	perfection 완전	produce 생산하다	production 생산
social 사회적	society 사회	act 행동하다	action 활동
colorful 다채로운	color 색	imagine 상상하다	imagination 상상
natural 자연의	nature 자연	please 즐겁게 하다	pleasure 즐거움
dangerous 위험한	danger 위험	grow 자라다	growth 성장
angry 화난	anger 화	breathe 호흡하다	breath 호흡
hungry 배고픈	hunger 배고픔	lose 잃다	loss 손실
deep 깊은	depth 깊이	weigh 무게를 재다	weight 무게
wide 넓은	width 넓이	invite 초대하다	invitation 초대

A. 다음 낱말의 우리말 뜻을 쓰시오.

1. deep   _____
2. view   _____
3. forest   _____
4. minute   _____

5. various   _____
6. recently   _____
7. foreign   _____
8. produce   _____

B. 우리말과 같은 뜻의 영어 낱말을 쓰시오.

1. 모자   _____
2. 눈   _____
3. 비   _____
4. 느린   _____

5. 공   _____
6. 치다   _____
7. 강   _____
8. 수준   _____

C. 다음 우리말과 뜻이 같도록 문장을 완성하시오.

1. 비가 억수같이 내린다.

= It _____ cats and dogs.

2. 그릇에 뜨거운 물을 채워라.

= _____ the bowl with hot water.

3. 예, 피자 한 조각을 더 원해요.

= Yeah, I want another _____ of pizza.

4. 나는 외국 문화에 관심이 있다.

= I am interested in _____ culture.

5. 너는 최근에 그와 이야기를 했었니?

= Did you speak to him _____?

6. 그 날엔 많은 새들이 날고 있었다.

= Many birds are _____ that day.

7. 사람들은 클럽에 어떻게 가입하는가?

= How can people _____ the club?

Day 021

● **Preview Check** 오늘 학습할 낱말입니다. 이미 자신이 알고 있는 낱말에 ✔해 봅시다.

☐ kitchen	☐ restaurant	☐ low	☐ agree
☐ mountain	☐ daughter	☐ touch	☐ advice
☐ train	☐ carry	☐ road	☐ rule
☐ begin	☐ wife	☐ stand	☐ miss
☐ dream	☐ lead	☐ finally	☐ list

수능
출제
랭킹

Basic

401
kitchen
[kítʃən]

명 부엌
● Mom keeps her kitchen clean. 엄마는 **부엌**을 깨끗이 유지한다.

402
mountain
[máuntən]

명 산
● I climb a mountain every month. 나는 매달 등산을 한다.

403
train
[trein]

명 기차 동 훈련하다
● You need to change trains here.
너는 여기서 **기차**를 갈아타야 한다.
● He trained birds for a circus. 그는 서커스용 새들을 **훈련시켰다**.

404
begin
[bigín]

동 began - begun **시작하다** 동 start → beginning 명 시작
● Let's begin today's lesson. 오늘의 강의를 **시작합시다**.

405
dream
[dri:m]

명 꿈 동 꿈을 꾸다
● My dream is to become a singer. 나의 **꿈**은 가수가 되는 거야.

406
restaurant
[réstərənt]

명 식당
● an Italian restaurant 이탈리아 **식당**

407

daughter
[dɔ́:tər]

몡 딸 빤 son 아들
- I want my daughter to be a teacher.
  나는 나의 딸이 교사가 되기를 바란다.

Intermediate

408

carry
[kǽri]

동 ① 나르다 ② 가지고 다니다
- I always carry a cell phone with me.
  나는 항상 휴대 전화를 가지고 다닌다.

409

wife
[waif]

몡 아내 뵥 wives 빤 husband 남편
- He has a wife and two children. 그는 아내와 자식 둘이 있다.

410

lead
[li:d]

동 led - led ① 이끌다 ② 통하다 ③ 앞서다 몡 선두, 우세
→ leader 몡 지도자
- This road leads to the park. 이 도로는 그 공원과 통한다.

411

low
[lou]

혱 낮은 빤 high 높은
- I got low marks on the test. 나는 시험에서 낮은 점수를 받았다.

412

touch
[tʌtʃ]

동 ① 만지다, 닿다 ② 감동시키다 몡 촉감, 감촉
- She touched me on the forehead.
  그녀는 나의 이마를 만졌다.

*keep in touch with ~와 연락을 취하다

413

road
[roud]

몡 길, 도로
- I parked on a side road. 나는 옆길에 주차를 했다.

414

stand
[stænd]

동 stood - stood ① 서다 빤 sit 앉다 ② 참다 몡 관중석, 가판대
- He suddenly stood up. 그가 갑자기 일어섰다.

415

finally
[fáinəli]

뷤 마침내, 결국 → final 혱 마지막의
- Finally my dream came true. 마침내 나의 꿈이 이루어졌다.

416

agree
[əgríː]

동 동의하다, 찬성하다 반 disagree 동의하지 않다
→ agree-ment 명 협정, 동의
• I can't agree with you. 나는 네 의견에 동의할 수 없어.

417

advice
[ædváis]

명 충고, 조언 → advise 동 조언하다
• My teacher gave me advice on math.
나의 담임선생님이 내게 수학 과목에 대해 조언해 주셨다.

418

rule
[ruːl]

명 ① 규칙 ② 지배 동 지배하다 → ruler 명 ① 지배자 ② 자
• follow the rules 규칙을 따르다

419

miss
[mis]

동 ① 놓치다 ② 그리워하다 명 오류
• I missed the bus in the morning. 나는 아침에 버스를 놓쳤다.

420

list
[list]

명 목록, 명단
• Is your name on the list? 네 이름이 그 명단에 있니?

중간기말에 꼭 나오는 반의어

slow 느린 fast 빠른	1. My smartphone is too slow. 나의 휴대 전화는 너무 느리다. 2. Bolt is a fast runner. Bolt는 빠른 주자이다.
low 낮은 high 높은	1. The sun was low in the sky. 해가 하늘에 낮게 떠 있었다. 2. There is a high mountain here. 여기에 높은 산이 하나 있다.
wide 넓은 narrow 좁은	1. How wide is that street? 그 거리는 얼마나 넓은가요? 2. I crossed a narrow bridge to the village. 나는 그 마을로 가려고 좁은 다리를 건넜다.
safe 안전한 dangerous 위험한	1. It's safe to swim here. 여기서 수영하는 것은 안전하다. 2. It's dangerous to swim here. 여기서 수영하는 것은 위험하다.

A. 다음 낱말의 우리말 뜻을 쓰시오.

1. dream _____
2. finally _____
3. lead _____
4. wife _____

5. miss _____
6. agree _____
7. advice _____
8. rule _____

B. 우리말과 같은 뜻의 영어 낱말을 쓰시오.

1. 도로 _____
2. 기차 _____
3. 시작하다 _____
4. 부엌 _____

5. 낮은 _____
6. 나르다 _____
7. 서다 _____
8. 목록 _____

C. 다음 우리말과 뜻이 같도록 문장을 완성하시오.

1. 저 버튼에 손대지 마세요.

   = Don't _____ that button.

2. 제가 당신의 딸과 닮았나요?

   = Do I look like your _____?

3. 나는 산보다 바다를 좋아한다.

   = I like sea better than _____.

4. 나의 가족은 식당에서 식사를 하고 있다.

   = My family is eating at a _____.

5. 이렇게 시간을 내서 충고도 해주다니 고마워.

   = Thank you for your time and _____.

6. 난 정말로 너의 말을 동의할 수가 없다.

   = I certainly don't _____ with you.

7. 나는 아기 울음 소리를 듣는 건 못 참아요.

   = I can't _____ to hear the child crying.

Day 022

● **Preview Check** 오늘 학습할 낱말입니다. 이미 자신이 알고 있는 낱말에 ✔해 봅시다.

☐ clear	☐ baby	☐ hurt	☐ temperature
☐ warm	☐ museum	☐ build	☐ gas
☐ angry	☐ contest	☐ hall	☐ interest
☐ sick	☐ event	☐ heat	☐ police
☐ window	☐ fruit	☐ safe	☐ receive

수능
출제
랭킹

Basic

421

clear
[kliər]

형 ① 맑은, 깨끗한 ② 확실한, 분명한 → clearly 부 분명히
● The water of the river is clear. 그 강의 물은 맑다.

422

warm
[wɔːrm]

형 따뜻한, 훈훈한 반 cool 시원한 → warmth 명 온기
● I wear warm clothes in winter.
나는 겨울에 따뜻한 옷을 입는다.

423

angry
[ǽŋgri]

형 화난 → anger 명 분노
● I am angry because of bad weather.
나는 나쁜 날씨 때문에 화가 났다.

424

sick
[sik]

형 아픈 동 ill → sickness 명 병
● That woman looks sick. 저 여인은 아파 보인다.

425

window
[wíndou]

명 창, 창문
● All the windows of the building were broken.
그 건물의 모든 창이 깨져있다.

426

baby
[béibi]

명 아기
● The baby suddenly began to cry.
그 아기가 갑자기 울기 시작했다.

427

museum
[mjuːzíːəm]

명 박물관
- My class is going to the museum tomorrow.
  나의 반은 내일 **박물관**에 갈 예정이다.

Intermediate

428

contest
[kántest]

명 경연, 대회 동 경쟁하다
- Our school didn't take part in the contest.
  우리 학교는 그 **경연**에 참가하지 않았다.

429

event
[ivént]

명 행사, 일
- The three important events happened at the same time. 세 가지 중요한 **일**이 동시에 일어났다.

430

fruit
[fruːt]

명 과일
- My family eats fresh fruits every morning.
  나의 가족은 아침마다 싱싱한 **과일**을 먹는다.

431

hurt
[həːrt]

동 hurt - hurt ① 다치게 하다 ② 아프다 형 다친, 기분이 상한
- She has hurt my feelings. 그녀는 나의 기분을 상하게 했다.

432

build
[bild]

동 built - built 짓다, 건축하다 → building 명 건물
- We built a large hospital last month.
  우리는 지난달에 큰 병원을 **지었다**.

433

hall
[hɔːl]

명 대회장(大會場), 홀, 현관, 복도
- The hall was full of guests. **홀**에는 손님으로 꽉 찼다.

434

heat
[hiːt]

명 열, 난방, 더위 동 가열하다
- We make various use of the sun's heat.
  우리는 태양**열**을 여러 가지로 이용한다.

435

safe
[seif]

형 안전한 반 dangerous 위험한 → safety 명 안전
- It is safe to wear a helmet here.
  여기에서 헬멧을 쓰는 것이 **안전**하다.

Advanced

436
temperature
[témpərətʃər]

명 온도, 열
- What was the temperature last night?
  지난밤 온도가 몇 도였습니까?

437
gas
[gæs]

명 ① 기체, 가스 ② 휘발유　합 gas station 주유소
- I will put some gas in my car. 나는 자동차에 휘발유를 넣을 거야.

438
interest
[íntərəst]

명 ① 관심, 흥미 ② 이자 ③ (−s)이익　동 ~의 관심을 끌다
- Bill doesn't have much interest in sports.
  빌은 스포츠에 별로 관심이 없다.

439
police
[pəlí:s]

명 경찰　합 police officer 경찰관
- I am calling the police for help.
  나는 경찰에게 도와달라고 전화하고 있다.

440
receive
[risí:v]

동 ① 받다 ② 환영하다 → receipt 명 수령, 영수증
reception 환영 연회
- I have received a letter from my son.
  나는 나의 아들에게서 편지 한 통을 받았다.

중간기말에 꼭 나오는 영영풀이어 3

1. sick	not well or healthy
2. clear	easy to see through
3. fall	go down quickly from high place
4. leader	someone who leads others
5. dangerous	able or likely to hurt or harm someone
6. lunch	a meal eaten in the middle of the day
7. believe	accept something as true
8. travel	go from one place to another
9. floor	the lowest surface of any building or structure
10. safe	not likely to cause any physical injury or harm

A. 다음 낱말의 우리말 뜻을 쓰시오.

1. police _____
2. heat _____
3. contest _____
4. receive _____

5. event _____
6. hurt _____
7. interest _____
8. temperature _____

B. 우리말과 같은 뜻의 영어 낱말을 쓰시오.

1. 맑은 _____
2. 따뜻한 _____
3. 화난 _____
4. 아픈 _____

5. 홀 _____
6. 짓다 _____
7. 창문 _____
8. 박물관 _____

C. 다음 우리말과 뜻이 같도록 문장을 완성하시오.

1. 그녀는 작년에 아기를 낳았다.
   = She had a _____ last year.
2. 그 행사는 2년마다 열린다.
   = The _____ is held every two years.
3. 나는 넘어져서 상처를 입었다.
   = I was _____ when I fell.
4. 신선한 과일과 채소를 많이 먹어라.
   = Eat plenty of fresh _____ and vegetables.
5. 그녀의 어머니께서 몹시 편찮으시다.
   = Her mother's very _____.
6. 나의 차는 휘발유를 많이 잡아먹는다.
   = My car uses a lot of _____.
7. 그 아이들은 여기 있으면 상당히 안전하다.
   = The children are quite _____ here.

Day 023

● **Preview Check** 오늘 학습할 낱말입니다. 이미 자신이 알고 있는 낱말에 ✔해 봅시다.

☐ sit	☐ green	☐ sale	☐ beach
☐ sky	☐ basketball	☐ taste	☐ accept
☐ test	☐ horse	☐ catch	☐ clap
☐ fresh	☐ star	☐ south	☐ wonder
☐ glad	☐ teach	☐ exam	☐ finish

수능 출제 랭킹

Basic

441

sit
[sit]

동 sat - sat **앉다**
● We sat on the bed. 우리는 침대에 앉았다.

442

sky
[skai]

명 **하늘**
● There were no clouds in the sky. 하늘에 구름 한 점 없다.

443

test
[test]

명 **시험** 동 examination 동 **시험하다**
● There is an English test today. 오늘 영어 시험이 있다.

444

fresh
[freʃ]

형 **신선한**
● Fresh fish are very delicious. 신선한 생선은 매우 맛이 있다.

445

glad
[glæd]

형 **반가운, 기쁜**
● I'm so glad you're safe! 네가 무사해서 너무 **기뻐**!

446

green
[gri:n]

형 **녹색의** 명 **녹색**
● Wait for the light to turn green.
신호등이 **파란색**으로 바뀔 때까지 기다려.

447

basketball
[bǽskitbɔ̀:l]

명 **농구**
● My son plays basketball every day.
나의 아들은 **농구**를 매일 한다.

448

horse
[hɔːrs]

명 말
- The girl can ride a horse well. 그 소녀는 말을 잘 탈 수 있다.

449

star
[stɑːr]

명 별
- a bright star 밝은 별

Intermediate

450

teach
[tiːtʃ]

통 taught - taught 가르치다 반 learn 배우다
- He teaches children English every day.
  그는 매일 아이들에게 영어를 가르친다.

451

sale
[seil]

명 판매 → sell 통 팔다
- The new smartphone is on sale. 새 스마트폰이 판매되고 있다.
  *on sale 판매되는, 할인 중인
  *for sale 팔려고 내놓은

452

taste
[teist]

통 ~맛이 나다, 맛보다 명 맛, 미각, 취향 → tasty 형 맛있는
- The cake tastes sweet. 그 케이크는 맛이 달다.

453

catch
[kætʃ]

통 caught - caught 잡다, 받다, 타다 반 miss 놓치다 명 잡기
- How many fish did you catch?
  당신은 물고기를 몇 마리 잡았나요?

454

south
[sauθ]

명 남(南) → southern 형 남쪽의
- Lions are in the south of the zoo.
  사자들은 동물원의 남쪽에 있다.

455

exam
[igzǽm]

명 시험 (=examination)
- I passed my science exam. 나는 과학 시험을 통과했다.

456

beach
[biːtʃ]

명 해변, 바닷가
- I went to the beach last summer.
  나는 지난여름에 해변에 갔다.

Advanced

457

accept
[æksépt]

동 받아들이다, 수락하다 반 refuse 거절하다
- She accepted the present with thanks.
  그녀는 고맙게도 그 선물을 받았다.

458

clap
[klæp]

동 박수를 치다 명 박수
- Everybody cheered and clapped. 모두가 환호하며 박수를 쳤다.

459

wonder
[wʌ́ndər]

동 궁금하다, 생각하다, 놀라다 명 경탄, 경이감
- I wonder who she is. 나는 그녀가 누군지 궁금하다.

460

finish
[fíniʃ]

동 끝마치다, 끝내다
- I finished my homework an hour ago.
  나는 한 시간 전에 숙제를 끝마쳤다.

중간기말에 꼭 나오는 파생어 3

명사	형용사		
friend 친구	friendly 우호적인	quick 빠른	quickly
love 사랑	lovely 사랑스러운	recent 최근의	recently
day 일	daily 매일의	final 마지막의	finally
week 주	weekly 매주의	careful 조심하는	carefully
month 월	monthly 매월의	different 다른	differently
year 연	yearly 매년의	actual 사실의	actually
		nice 멋진	nicely
형용사	**부사**	true 진짜의	truly
		happy 행복한	happily
easy 쉬운	easily	sad 슬픈	sadly
real 실제의	really	usual 보통의	usually

A. 다음 낱말의 우리말 뜻을 쓰시오.

1. catch _____
2. taste _____
3. finish _____
4. accept _____

5. fresh _____
6. sale _____
7. teach _____
8. exam _____

B. 우리말과 같은 뜻의 영어 낱말을 쓰시오.

1. 하늘 _____
2. 앉다 _____
3. 반가운 _____
4. 녹색 _____

5. 말 _____
6. 별 _____
7. 남쪽 _____
8. 해변 _____

C. 다음 우리말과 뜻이 같도록 문장을 완성하시오.

1. 나는 신선한 공기가 필요해.
   = I need some _____ air.
2. 나는 그가 누군지 궁금하다.
   = I _____ who he is.
3. 나는 박수를 치며 웃을 거야!
   = I'll _____ my hands and laugh!
4. Bill은 학교에서 과학을 가르친다.
   = Bill _____ science at a school.
5. 그는 농구부에서 활동하고 있습니다.
   = He plays on the _____ team.
6. 나의 여동생은 수학 시험을 통과했다.
   = My sister passed the math _____.
7. 나는 기꺼이 당신의 초대를 받아들일게요.
   = I'd like to _____ your invitation.

Day 024

● **Preview Check** 오늘 학습할 낱말입니다. 이미 자신이 알고 있는 낱말에 ✔해 봅시다.

☐ ticket	☐ tea	☐ heavy	☐ noise
☐ win	☐ speed	☐ sell	☐ bottom
☐ cool	☐ board	☐ festival	☐ female
☐ desk	☐ drop	☐ subway	☐ ocean
☐ baseball	☐ reach	☐ dead	☐ disease

수능 출제 랭킹

Basic

461

ticket
[tíkit]

명 표, 입장권, 승차권
● a free ticket 무료 입장권

462

win
[win]

동 won - won **이기다** 반 lose 지다
● Bill **won** the bike race. Bill은 자전거 경주에서 이겼다.

463

cool
[ku:l]

형 ① **시원한** 반 warm 따뜻한 ② **차분한, 냉정한** ③ **멋진**
● It's cool today. 오늘은 시원하다.

464

desk
[desk]

명 ① **책상** ② **접수처**
● The book is on the desk. 그 책은 **책상** 위에 있다.

465

baseball
[béisbɔ̀:l]

명 **야구**
● He plays baseball every weekend.
그는 매주 주말마다 **야구**를 한다.

466

tea
[ti:]

명 **차, 홍차**
● I need a cup of tea. 저에게 **차** 한 잔 주세요.

Intermediate

467

speed [spi:d]	몡 속도 • The train slowed down its speed. 그 기차는 속도를 낮추었다. ＊at full speed 전속력으로

468

board [bɔːrd]	몡 ① 판, 게시판 ② 이사회 됭 ① 탑승하다 ② 하숙하다 • I boarded a plane at 10 o'clock. 나는 10시에 비행기를 탔다.

469

drop [drɑp]	됭 ① 떨어지다, 떨어뜨리다 ② 그만두다, 중지하다 몡 방울, 하락 • Her hat dropped to the floor. 그녀의 모자가 바닥에 떨어졌다. ＊drop out 중퇴하다, 탈퇴하다

470

reach [riːtʃ]	됭 도달하다, ~에 이르다 됭 arrive, get • She reached her house in the morning. 그녀는 아침에 그녀의 집에 도착했다.

471

heavy [hévi]	혱 무거운 반 light 가벼운 • This bag is too heavy for me to carry. 이 가방은 내게 너무 무거워서 가지고 다닐 수 없다.

472

sell [sel]	됭 sold - sold 팔다, 팔리다 반 buy 사다 • The book sells well. 그 책은 잘 팔린다.

473

festival [féstəvəl]	몡 축제 • the Cannes film festival 칸 영화제

474

subway [sʌbwéi]	몡 지하철 • I took the subway to the stadium. 나는 운동장에 가려고 지하철을 탔다.

475

dead [ded]	혱 죽은 반 alive 살아 있는 → death 몡 죽음, die 됭 죽다 • a dead animal 죽은 동물

Advanced

476

noise [nɔiz]	몡 소음 → noisy 혱 시끄러운 • My car makes a strange noise. 나의 차가 이상한 소음을 낸다. ＊make a noise 소란을 피우다

477

bottom
[bátəm]

[명] 맨 아래, 밑바닥 [반] top 정상
- My name stands at the bottom of the list.
  내 이름은 명단 맨 아래에 있다.

478

female
[fíːmeil]

[명] 여성 [형] 여성의 [반] male 남자(의)
- a female student 여학생

479

ocean
[óuʃən]

[명] 대양, 바다
- The ship sailed across the ocean.
  그 배는 바다를 가로질러 항해했다.

480

disease
[dizíːz]

[명] 병, 질병 [동] illness, sickness
- His heart disease is getting worse.
  그의 심장병은 점점 악화되어 간다.

중간기말에 꼭 나오는 반의어

win 이기다 **lose** 지다	1. Which team **won**? 어느 팀이 이겼니? 2. We **lost** to a strong team. 우리는 강한 팀한테 졌다.
dead 죽은 **alive** 살아 있는	1. He has been **dead** for 5 years. 그가 사망한지 5년이 된다. 2. That picture looks **alive**. 저 그림은 살아 있는 것처럼 보인다.
noisy 시끄러운 **quiet** 조용한	1. a **noisy** classroom 시끌벅적한 교실 2. a **quiet** street 조용한 거리
sell 팔다 **buy** 사다	1. We **sell** thirty-three kinds of ice cream. 우리는 33가지 종류의 아이스크림을 판다. 2. Where did you **buy** that dress? 그 옷을 어디서 샀니?
teach 가르치다 **learn** 배우다	1. He **taught** me nothing about that. 그는 나에게 그것에 대해 아무것도 가르쳐주지 않았다. 2. **Learning** English isn't easy. 영어를 배우는 것은 쉽지 않다.

Review Check 24

A. 다음 낱말의 우리말 뜻을 쓰시오.

1. speed _____
2. noise _____
3. disease _____
4. bottom _____

5. dead _____
6. subway _____
7. ocean _____
8. female _____

B. 우리말과 같은 뜻의 영어 낱말을 쓰시오.

1. 표 _____
2. 무거운 _____
3. 팔다 _____
4. 도달하다 _____

5. 홍차 _____
6. 책상 _____
7. 시원한 _____
8. 이기다 _____

C. 다음 우리말과 뜻이 같도록 문장을 완성하시오.

1. 밤에 시끄럽게 하지 마라.

   = Don't make a _____ at night.

2. 전쟁에서 이길 방법은 없다.

   = There's no way to _____ the war.

3. 이 판자를 반으로 잘라주세요.

   = Please cut this _____ in half.

4. 그 마을은 올해에 축제를 열었다.

   = The town held a _____ this year.

5. 시카고에 몇 시에 도착했나요?

   = What time did you _____ Chicago?

6. 나는 연필을 바닥에 떨어뜨렸다.

   = I _____ a pencil on the floor.

7. Kevin은 야구하는 것을 대단히 좋아한다.

   = Kevin likes to play _____ very much.

Day 025

● **Preview Check** 오늘 학습할 낱말입니다. 이미 자신이 알고 있는 낱말에 ✔해 봅시다.

☐ blue	☐ careful	☐ dry	☐ prepare
☐ date	☐ straight	☐ hurry	☐ comfortable
☐ smile	☐ corner	☐ main	☐ race
☐ hungry	☐ husband	☐ adult	☐ search
☐ meat	☐ north	☐ nervous	☐ anyway

수능 출제 랭킹 Basic

481

blue
[bluː]

형 파란 명 파란색
● Lisa has blue eyes. Lisa는 눈이 파랗다.

482

date
[deit]

명 ① 날짜 ② 만날 약속
● What's the date today? 오늘은 며칠이니?

483

smile
[smail]

동 웃다 동 laugh 명 웃음, 미소
● She always smiles at me. 그녀는 나를 보고 항상 웃는다.

484

hungry
[hʌ́ŋgri]

형 배고픈 반 full 배부른 → hunger 명 굶주림, 기아
● The baby looks hungry. 그 아기는 배고파 보인다.

485

meat
[miːt]

명 고기
● I don't like to eat meat for dinner.
나는 저녁으로 고기 먹는 것을 좋아하지 않는다.

486

careful
[kέərfəl]

형 조심하는, 주의 깊은 반 careless 부주의한 → carefully 부
조심스럽게, care 명 걱정, 돌봄
● John is a careful driver. John은 주의 깊은 운전자이다.

Intermediate

487

straight
[streit]

(부) 똑바로, 곧장
- She looked me straight in the eye.
  그녀가 내 눈을 **똑바로** 바라보았다.

488

corner
[kɔ́:rnər]

(명) 모퉁이
- There is a shop on the corner. **모퉁이**에 가게가 하나 있다.

489

husband
[hʌ́zbənd]

(명) 남편 (반) wife 아내
- Her husband works at a hospital.
  그녀의 **남편**은 병원에서 일한다.

490

north
[nɔ:rθ]

(명) 북(北) → northern (형) 북쪽의
- Seattle is to the north of America.
  Seattle은 미국의 **북쪽**에 있다.

491

dry
[drai]

(형) 마른, 건조한, 가문 (반) wet 젖은 (동) 말리다, 마르다
- Is my shirt dry yet? 나의 셔츠가 벌써 **말랐어요**?

492

hurry
[hə́:ri]

(동) 서두르다 (명) 서두름
- Don't hurry. **서두르지** 마라.

493

main
[mein]

(형) 주요한, 큰 → mainly (부) 주로
- Be careful crossing the main road.
  그 **큰** 도로를 건널 때는 조심해라.

Advanced

494

adult
[ədʌ́lt]

(명) 어른, 성인 (반) child 어린이
- The girl talks like an adult. 그 소녀는 **어른**처럼 말한다.

495

nervous
[nə́:rvəs]

(형) 불안해하는, 걱정을 많이 하는
- Don't be nervous. **긴장하지** 마세요.

496

prepare
[pripɛ́ər]

(동) 준비하다
- She prepared dinner for her family.
  그녀는 그녀의 가족을 위해 저녁 식사를 **준비했다**.

497

comfortable
[kʌ́mfərtəbl]

형 편안한 반 uncomfortable 불편한 → comfort 명 안락
- It's such a comfortable bed. 이것은 정말 편안한 침대입니다.

498

race
[reis]

명 ① 경주 ② 인종, 민족 동 경주하다
- I want to see a bicycle race. 나는 자전거 경주를 보고 싶다.

499

search
[səːrtʃ]

명 찾기, 수색 동 찾다, 검색하다
- They searched the mountain for the missing child.
  그들은 실종된 아이를 찾으려고 그 산을 수색했다.

500

anyway
[éniwèi]

부 어쨌든, 그런데, 게다가
- It's too late now, anyway. 게다가, 지금은 시간도 너무 늦었어.

중간기말에 꼭 나오는 반의어

careful 조심하는 careless 부주의한	1. Be careful not to wake the baby. 아기를 깨우지 않게 조심해요. 2. a careless driver 부주의한 운전자
hungry 배고픈 full 배부른	1. I'm really hungry. 나 정말 배고파. 2. I'm full up. 저는 배불러요.
dry 건조한 wet 젖은	1. The rivers were dry. 강물이 말라 있었다. 2. It's wet outside. 밖에는 비가 온다.
smile 웃다 cry 울다	1. You look nice when you smile. 네가 웃을 때 멋져 보여. 2. It's all right. Don't cry. 괜찮아. 울지 마라.
legal 합법적인 illegal 불법적인	1. A man has a legal right to vote. 사람은 투표할 수 있는 법적인 권리가 있다. 2. I didn't know it was illegal. 나는 그것이 불법인지 몰랐다.

A. 다음 낱말의 우리말 뜻을 쓰시오.

1. careful _____
2. meat _____
3. corner _____
4. date _____

5. main _____
6. adult _____
7. nervous _____
8. anyway _____

B. 우리말과 같은 뜻의 영어 낱말을 쓰시오.

1. 북쪽 _____
2. 건조한 _____
3. 웃다 _____
4. 배고픈 _____

5. 파란 _____
6. 경주 _____
7. 준비하다 _____
8. 조사하다 _____

C. 다음 우리말과 뜻이 같도록 문장을 완성하시오.

1. 그 여행은 매우 편안했어요.

   = The trip was very _____.

2. 그녀의 남편은 밤에 일한다.

   = Her _____ works nights.

3. 학교 끝나면 곧장 집으로 와라.

   = Come _____ home after school.

4. 나는 준비를 할 시간이 없었다.

   = I had no time to _____.

5. 우리는 그 문제를 조사해 봐야 한다.

   = We must _____ into the matter.

6. 페이지 맨 윗부분에 오늘 날짜를 쓰시오.

   = Write today's _____ at the top of the page.

7. 그 기차를 타려면 서둘러야 할 거예요.

   = You'll have to _____ if you want to catch that train.

Day 026

● **Preview Check** 오늘 학습할 낱말입니다. 이미 자신이 알고 있는 낱말에 ✔해 봅시다.

☐ flower   ☐ boat   ☐ die   ☐ continue
☐ lake   ☐ draw   ☐ add   ☐ everybody
☐ rich   ☐ season   ☐ pass   ☐ ordinary
☐ dance   ☐ airport   ☐ artist   ☐ suddenly
☐ snow   ☐ bathroom   ☐ clock   ☐ wild

수능 출제 랭킹

Basic

501

flower
[fláuər]

명 꽃
● Don't pick the flowers. 꽃을 꺾지 마시오.

502

lake
[leik]

명 호수
● The man is swimming in the lake.
남자가 호수에서 수영하고 있다.

503

rich
[ritʃ]

형 부유한   반 poor 가난한
● He is rich but not happy. 그는 부유하지만 행복하지는 않다.

504

dance
[dæns]

동 춤을 추다 명 무용
● Shall we dance? 우리 춤출까요?

505

snow
[snou]

명 눈 동 눈이 내리다
● The mountain is covered with snow.
그 산은 눈으로 덮여 있다.

506

boat
[bout]

명 배, 보트 동 ship
● People are having lunch in a boat.
사람들이 배 안에서 점심을 먹고 있다.

Intermediate

507

draw
[drɔː]

동 drew - drawn **그리다** → drawing 명 그림, 데생
● You draw beautifully. 너는 그림을 잘 그리는구나.

508

season
[síːzn]

명 계절
● Which season do you like best?
당신은 어느 계절을 가장 좋아하십니까?

509

airport
[ɛ́ərpɔːrt]

명 공항
● What time did you arrive at the airport?
당신은 공항에 몇 시에 도착했습니까?

510

bathroom
[bǽθrùːm]

명 욕실, 화장실
● Where's the bathroom? 화장실이 어디에요?

511

die
[dai]

동 죽다 반 live 살다 → dead 형 죽은, death 명 죽음
● Her husband died suddenly last week.
그녀의 남편은 지난주에 갑자기 죽었다.

512

add
[æd]

동 더하다, 첨가하다 반 subtract 빼다 → addition 명
● Shall I add your name to the list?
그 명단에 네 이름을 추가할까?

513

pass
[pæs]

동 ① 통과하다 ② 건네주다 명 출입증 → passage 명 통행, 통로
● Pass the salt, please. 소금 좀 건네주세요.

514

artist
[άːrtist]

명 화가, 예술가 → art 명 예술, 미술, artistic 형 예술의
● Ellie will be a great artist some day.
훗날 Ellie는 위대한 화가가 될 것이다.

515

clock
[klɑk]

명 시계 → o'clock 부 ~시(時)
● The clock is slow. 그 시계는 늦다.

Advanced

516

continue
[kəntínjuː]

동 계속하다, 계속되다 동 last
● Kevin continued his work till 11 o'clock.
Kevin은 11시까지 자신의 일을 계속했다.

517

everybody
[évribàdi]

대 모두, 누구든지 동 everyone
- **Everybody** paid for their own lunch.
  모두가 자기 자신의 점심 값을 냈다.

518

ordinary
[ɔ́:rdnèri]

형 보통의, 평범한 동 common 반 special 특별한
- I'll attend the ceremony in **ordinary** dress.
  나는 평범한 옷을 입고 그 예식에 참석할 거야.

519

suddenly
[sʌ́dnli]

부 갑자기 → sudden 형 갑작스러운
- **Suddenly** the cell phone rang. 갑자기 휴대 전화가 울렸다.

520

wild
[waild]

형 야생의, 사나운
- **wild** animals 야생 동물

중간기말에 꼭 나오는 동의어

1. 웃다 smile laugh	1. She smiled at him. 그녀가 그를 보고 웃었다. 2. She always makes me laugh. 그녀는 항상 나를 웃게 만든다.
2. 발생하다 happen occur	1. You'll never guess what happened! 무슨 일이 일어났었는지 너는 결코 짐작도 못 할 거야! 2. An accident occurred late at night. 한 사건이 밤 늦게 일어났다.
3. 계속되다 continue last	1. The meeting continues until noon. 그 회의는 정오까지 계속된다. 2. Each game lasts about an hour. 각 게임은 한 시간 가량 계속된다.
4. 보통의 ordinary common	1. She writes stories about ordinary people. 그녀는 보통 사람들에 대한 이야기들을 쓴다. 2. This is a very common problem. 이것은 매우 흔한 문제이다.

A. 다음 낱말의 우리말 뜻을 쓰시오.

1. add _____
2. pass _____
3. airport _____
4. ordinary _____

5. wild _____
6. draw _____
7. suddenly _____
8. continue _____

B. 우리말과 같은 뜻의 영어 낱말을 쓰시오.

1. 꽃 _____
2. 호수 _____
3. 계절 _____
4. 배 _____

5. 눈 _____
6. 춤추다 _____
7. 부유한 _____
8. 죽다 _____

C. 다음 우리말과 뜻이 같도록 문장을 완성하시오.

1. 너는 야생화처럼 보여.

   = You look like a _____ flower.

2. 그 남자가 시계를 보고 있다.

   = The man is watching the _____.

3. 목욕탕에 가서 손을 좀 씻어라.

   = Go and wash your hands in the _____.

4. 이런 날씨가 며칠간 계속되겠습니다.

   = It will _____ for a few days.

5. 그 예술가는 색상에 대한 안목이 있다.

   = The _____ has an eye for color.

6. 모든 사람들은 그를 유명한 배우로 알고 있다.

   = _____ knows him as a famous actor.

7. 어떻게 그렇게 갑자기 그 일이 벌어졌던 거지?

   = How did it happen so _____?

Day 027

● **Preview Check** 오늘 학습할 낱말입니다. 이미 자신이 알고 있는 낱말에 ✓해 봅시다.

☐ farm	☐ jump	☐ gate	☐ promise
☐ garden	☐ rock	☐ lucky	☐ address
☐ key	☐ relax	☐ pocket	☐ correct
☐ plane	☐ general	☐ wall	☐ secret
☐ bright	☐ record	☐ neighbor	☐ reduce

수능 출제 랭킹 Basic

521

farm
[fɑːrm]

몡 농장 → farmer 몡 농부
● There are many cows and horses on that farm.
그 농장에는 암소와 말이 많이 있다.

522

garden
[gáːrdn]

몡 정원, 뜰 통 yard 뜰, 마당
● I water my vegetable garden once a day.
나는 내 채소밭에 하루에 한 번 물을 준다.

523

key
[kiː]

몡 열쇠 반 lock 자물쇠 혱 가장 중요한
● I opened the lock of the door with my key.
나는 열쇠로 그 문의 자물쇠를 열었다.

524

plane
[plein]

몡 비행기 (=airplane)
● I got on a plane to New York. 나는 뉴욕행 비행기에 탑승했다.

525

bright
[brait]

혱 ① 밝은 반 dark 어두운 ② 똑똑한, 발랄한
● The moon is as bright as day. 달이 대낮같이 밝다.

526

jump
[dʒʌmp]

통 뛰다, 뛰어넘다 몡 점프, 급등
● The dog jumped over the fence. 그 개는 담을 뛰어넘었다.

527

rock
[rɑk]

⑲ ① 바위 ② 록음악 ⑧ 흔들리다
- He is sitting on a rock by the river. 그는 강가 바위에 앉아 있다.

528

relax
[rilǽks]

⑧ 휴식을 취하다, 긴장을 풀다 → relaxed ⑳ 편안한
- She is relaxing on the sofa. 그녀는 소파에서 쉬고 있다.

529

general
[dʒénərəl]

⑳ 일반적인, 종합적인
- a general hospital 종합 병원
- *in general 일반적으로

530

record
[rékərd]

⑲ 기록 ⑧ [rikɔ́ːrd] 기록하다
- The runner set a new world record.
  그 주자는 세계 신기록을 세웠다.

531

gate
[geit]

⑲ 문, 출입구
- Flight 726 to Paris is now boarding at gate 8.
  파리행 726편이 지금 8번 탑승구에서 탑승을 하고 있습니다.

532

lucky
[lʌ́ki]

⑳ 행운의 → luck ⑲ 행운, luckily ⑭ 운이 좋게
- I was very lucky to pass the exam.
  내가 그 시험을 통과하다니 운이 아주 좋았다.

533

pocket
[pɑ́kit]

⑲ 주머니, 호주머니
- The boy took some money out of his pocket.
  그 소년은 자신의 호주머니에서 돈을 좀 꺼냈다.

534

wall
[wɔːl]

⑲ 벽
- There are some pictures on the wall.
  그 벽에는 그림 몇 장이 있다.

535

neighbor
[néibər]

⑲ 이웃, 이웃 사람
- My new neighbor is very friendly.
  나의 새로운 이웃은 매우 친절하다.

536

promise
[prɑ́mis]

⑧ 약속하다 ⑲ 약속
- They made a promise not to lie to each other.
  그들은 서로에게 거짓말을 하지 않기로 약속했다.

537

address
[ədrés]

몡 ① 주소 ② 연설 동 ① 주소를 쓰다 ② 연설하다
• Please write your address here. 여기에 당신의 주소를 쓰십시오.

538

correct
[kərékt]

혱 맞는, 옳은 ⑧ right ⑪ wrong, incorrect 틀린 동 바로잡다
• I asked him to correct my English.
나는 그에게 나의 영어를 고쳐달라고 부탁했다.

539

secret
[síːkrit]

몡 비밀 혱 비밀의
• Can you keep the secret? 너는 그 비밀을 지킬 수 있니?

540

reduce
[ridjúːs]

동 줄이다, 낮추다 ⑪ increase 늘리다 → reduction 몡 축소
• Reduce speed now. 지금 속도를 줄이시오.

중간기말에 꼭 나오는 반의어

ordinary 보통의 special 특별한	1. It looks like an ordinary house. 그것은 평범한 집처럼 보인다. 2. There is something special about this place. 이 장소에는 뭔가 특별한 점이 있다.
correct 맞는 wrong 틀린	1. Listen and circle the correct words. 듣고 알맞은 단어에 동그라미를 하세요. 2. Your answer was wrong. 너의 대답은 틀렸다.
bright 밝은 dark 어두운	1. I like bright colours. 나는 밝은 색이 좋다. 2. It was dark outside. 밖은 어두웠다.
continue 계속하다 stop 멈추다	1. He continued on his way. 그는 자기 길을 계속 갔다. 2. We stopped for the night. 우리는 밤을 보내려고 멈추었다.
reduce 줄이다 increase 늘이다	1. I can't reduce the price any more. 저는 더 이상은 그 가격을 깎아드릴 수 없어요. 2. I need to increase my power. 나는 나의 힘을 늘릴 필요가 있다.

A. 다음 낱말의 우리말 뜻을 쓰시오.

1. relax _____
2. correct _____
3. reduce _____
4. promise _____

5. record _____
6. general _____
7. secret _____
8. address _____

B. 우리말과 같은 뜻의 영어 낱말을 쓰시오.

1. 농장 _____
2. 비행기 _____
3. 출입구 _____
4. 정원 _____

5. 뛰어넘다 _____
6. 바위 _____
7. 벽 _____
8. 밝은 _____

C. 다음 우리말과 뜻이 같도록 문장을 완성하시오.

1. 이제 열쇠를 잃어버리지 마라!
   = Don't you miss a _____ now!
2. 나는 당분간 좀 쉬어야 해요.
   = I need to _____ for a while.
3. 나는 주머니 사정이 좋지 않다.
   = I am low in my _____.
4. 나의 동생은 운이 좋은 사람이다.
   = My brother is a _____ man.
5. 우리는 그것을 곧 할 거야, 약속할게.
   = We'll do it soon, I _____.
6. 나는 너에게 그의 이름과 주소를 남길게
   = I'll leave you his name and _____.
7. 나는 어제 나의 이웃 사람과 이야기를 나눴다.
   = I talked with my _____ yesterday.

Day 028

● **Preview Check** 오늘 학습할 낱말입니다. 이미 자신이 알고 있는 낱말에 ✓해 봅시다.

☐ weak	☐ swim	☐ sweet	☐ respect
☐ homework	☐ toy	☐ soil	☐ appear
☐ milk	☐ serve	☐ arrive	☐ copy
☐ cat	☐ excellent	☐ useful	☐ normal
☐ mouth	☐ sad	☐ holiday	☐ cover

Basic

541
weak
[wi:k]

휑 약한 밴 strong 강한 → weakness 몡 약함
● My wife knows my **weak** points.
나의 아내는 나의 **약점들**을 안다.

542
homework
[hóumwə̀:rk]

몡 숙제
● My son does his **homework** in the evening.
나의 아들은 저녁에 **숙제**를 한다.

543
milk
[milk]

몡 우유
● How often do you drink **milk**?
당신은 얼마나 자주 **우유**를 마십니까?

544
cat
[kæt]

몡 고양이
● I don't know much about the **cat**.
나는 **고양이**에 대해서 잘 모른다.

545
mouth
[mauθ]

몡 입
● Don't speak with your **mouth** full.
음식을 **입**에 가득 넣은 채 말하지 마라.

546
swim
[swim]

동 swam - swum **수영하다** → swimming 몡 수영
● Some people are **swimming** across the river.
몇몇의 사람들이 강을 **헤엄쳐** 건너고 있다.

547

toy
[tɔi]

명 장난감
- My daughter always wants a new toy.
  나의 딸은 항상 새 **장난감**을 원한다.

Intermediate

548

serve
[sə:rv]

동 ① 제공하다 ② 돕다 ③ 봉사하다 → service 명 서비스
- She served us a delicious lunch.
  그녀는 우리에게 맛있는 점심을 차려 주었다.

549

excellent
[éksələnt]

형 훌륭한, 탁월한 → excellence 명
- excellent service 훌륭한 서비스

550

sad
[sæd]

형 슬픈 → sadly 부 슬프게, sadness 명 슬픔
- She looked sad and tired. 그녀는 슬프고 지쳐 보였다.

551

sweet
[swi:t]

형 ① 달콤한, 향기로운 반 bitter 쓴 ② 기분 좋은 동 delightful
- Roses smell sweet. 장미는 냄새가 향기롭다.

552

soil
[sɔil]

명 흙, 토양
- The rain washed away the soil. 비는 토양을 씻겨 냈다.

553

arrive
[əráiv]

동 도착하다 반 leave 떠나다 → arrival 명 도착
- The flight arrives at 7 o'clock. 그 비행기는 7시에 도착해요.

554

useful
[jú:sfəl]

형 유용한, 쓸모 있는 반 useless 쓸모없는 → use 동 사용하다
- This dictionary is very useful to me.
  이 사전은 내게 매우 유용하다.

555

holiday
[hálədèi]

명 휴일, 휴가
- What are you going to do on your holiday?
  너는 너의 휴일에 무엇을 할 거니?

Advanced

556

respect
[rispékt]

동 존경하다 명 존경 → respectful 형 존경하는
respectable 형 존경할 만한
- I respect her for what she did.
  나는 그녀가 한 일 때문에 그녀를 존경한다.

557	**appear** [əpíər]	〔동〕 ① 나타나다 ② 생기다 ③ ~인 것 같다 〔반〕 disappear 사라지다 → appearance 〔명〕 출현, 겉모습 • A pretty girl appeared before me. 어떤 예쁜 소녀가 내 앞에 나타났다.
558	**copy** [kápi]	〔동〕 copied - copied 복사하다, 베끼다 〔명〕 ① 사본 ② 한 부 • They illegally copy DVDs. 그들은 DVD를 불법적으로 복제한다.
559	**normal** [nɔ́:rməl]	〔형〕 보통의, 정상적인 〔반〕 abnormal 비정상적인 • Could you speak at normal speed? 보통 속도로 말씀해주시겠어요?
560	**cover** [kʌ́vər]	〔동〕 덮다 〔명〕 덮개, 표지 〔반〕 discover 발견하다 • They covered their faces with masks. 그들은 가면으로 자신들의 얼굴을 가렸다. *be covered with ~으로 덮여 있다

중간기말에 꼭 나오는 파생어 3

형용사	명사	동사	명사
lucky 행운의	luck 행운	serve 돕다	service 서비스
careful 조심스러운	care 주의	arrive 도착하다	arrival 도착
noisy 시끄러운	noise 소음	appear 보이다	appearance 외모
safe 안전한	safety 안전	reduce 줄이다	reduction 감소
sad 슬픈	sadness 슬픔	add 더하다	addition 첨가
sick 아픈	sickness 병	receive 받다	receipt 영수증
bright 밝은	brightness 밝기	die 죽다	death 죽음
warm 따뜻한	warmth 온기	advise 충고하다	advice 충고
excellent 탁월한	excellence 우수성	agree 동의하다	agreement 동의
interesting 재미있는	interest 흥미	accept 받아들이다	acceptance 수락
exciting 흥미진진한	excitement 흥분	draw 그리다	drawing 그림
		build 짓다	building 건물
		know 알다	knowledge 지식

A. 다음 낱말의 우리말 뜻을 쓰시오.

1. weak _____
2. swim _____
3. serve _____
4. respect _____

5. copy _____
6. normal _____
7. appear _____
8. excellent _____

B. 우리말과 같은 뜻의 영어 낱말을 쓰시오.

1. 입 _____
2. 우유 _____
3. 슬픈 _____
4. 고양이 _____

5. 흙 _____
6. 덮다 _____
7. 달콤한 _____
8. 장난감 _____

C. 다음 우리말과 뜻이 같도록 문장을 완성하시오.

1. 나는 숙제를 하고 있다.
   = I am doing my _____.
2. 그녀의 체온은 정상이다.
   = Her temperature is _____.
3. 그 산은 눈으로 덮여 있다.
   = The mountain is _____ with snow.
4. 다음 기차는 언제 도착하죠?
   = What time does the next train _____?
5. 이 책에는 유익한 정보가 많다.
   = This book has a lot of _____ information.
6. 우리는 지난여름에 휴가를 함께 갔다.
   = We went on _____ together last summer.
7. 모퉁이를 돌아 버스 한 대가 나타났다.
   = A bus _____ around the corner.

Day 029

● **Preview Check** 오늘 학습할 낱말입니다. 이미 자신이 알고 있는 낱말에 ✔해 봅시다.

- ☐ breakfast
- ☐ chicken
- ☐ parent
- ☐ tall
- ☐ chair

- ☐ sugar
- ☐ throw
- ☐ rice
- ☐ wash
- ☐ lesson

- ☐ tiny
- ☐ funny
- ☐ cook
- ☐ east
- ☐ exciting

- ☐ character
- ☐ danger
- ☐ ahead
- ☐ nobody
- ☐ subject

Basic

561

breakfast
[brékfəst]

명 아침 식사
- I got up late, so I didn't have breakfast.
  나는 늦게 일어나서 **아침**을 먹지 못했다.

562

chicken
[t∫íkən]

명 닭, 닭고기
- My uncle keeps chickens in the back yard.
  나의 삼촌은 뒷마당에 **닭**을 기른다.

563

parent
[pέərənt]

명 (–s) 부모 파 grandparents 조부모
- My parents live in the country.
  나의 **부모**님들은 시골에 사신다.

564

tall
[tɔ:l]

형 ① 키가 큰 반 short ② 키가 ~인
- How tall are you? 당신은 키가 얼마나 되세요?

565

chair
[t∫έər]

명 의자
- This chair is comfortable. 이 **의자**는 편안하다.

566

sugar
[∫úgər]

명 설탕
- We ran out of sugar. 우리는 **설탕**이 떨어졌다.

567
throw
[θrou]

동 threw - thrown 던지다
- A child threw a stone into the lake.
  꼬마가 돌멩이를 호수에 던졌다.

568
rice
[rais]

명 쌀밥, 쌀, 벼
- Farmers grow rice in Korea.
  한국에는 농부들이 벼를 재배한다.

569
wash
[waʃ]

동 씻다, 닦다
- Wash your hands before eating.
  식사 전에 손을 씻어라.

570
lesson
[lésn]

명 ① 수업 ② 과 ③ 교훈
- I took Chinese lessons last year.
  나는 작년에 중국어 수업을 받았다.

571
tiny
[táini]

형 아주 작은
- Look, what a tiny car it is. 저 작은 차를 좀 봐라

572
funny
[fʌ́ni]

형 funnier - funniest 재미있는　동 interesting
- a funny movie 재미있는 영화

573
cook
[kuk]

동 요리하다　명 요리사
- My mom cooked me dinner.
  나의 어머니께서 내게 저녁을 지어 주셨다.

574
east
[iːst]

명 동(東) → eastern 형 동쪽의
- Wonju is to the east of Seoul.
  원주는 서울 동쪽에 있다.

575
exciting
[iksáitiŋ]

형 흥미진진한　참 excited 흥분한
- The baseball game is exciting.
  그 야구 경기는 흥미진진하다.

Advanced

576
character
[kǽriktər]

명 ① 성격 ② 특징 ③ 등장인물 → characteristic 형 특유의
characterize 동 특징짓다
- excellent character 훌륭한 성격

577
danger
[déindʒər]

명 위험 반 safety 안전 → dangerous 형 위험한
- His life was not in danger. 그의 삶은 위태롭지 않았다.
*be in danger 위험에 빠지다

578
ahead
[əhéd]

부 앞에, 앞으로
- Our way ahead is full of danger.
우리의 앞길은 위험에 가득 차 있다.

579
nobody
[nóubàdi]

대 아무도 ~ 않다 명 하찮은 사람
- Nobody is inside the house. 집 안에는 아무도 없다.

580
subject
[sʌ́bdʒikt]

명 ① 과목 ② 주제 동 theme
- Which subject do you like best?
너는 어느 과목을 가장 좋아하니?

중간기말에 꼭 나오는 반의어

dry 마른 wet 젖은	cover 덮다 discover 발견하다	careful 조심하는 careless 부주의한
sweet 단 bitter 쓴	appear 나타나다 disappear 사라지다	danger 위험 safety 안전
noisy 시끄러운 quiet 조용한	add 더하다 subtract 빼다	adult 어른 child 어린이
strong 강한 weak 약한	normal 정상적인 abnormal 비정상적인	male 남성 female 여성
leave 떠나다 arrive 도착하다	useful 유용한 useless 소용없는	husband 남편 wife 아내

Review Check 29

A. 다음 낱말의 우리말 뜻을 쓰시오.

1. east _____
2. tiny _____
3. ahead _____
4. subject _____

5. cook _____
6. lesson _____
7. danger _____
8. character _____

B. 우리말과 같은 뜻의 영어 낱말을 쓰시오.

1. 닭 _____
2. 씻다 _____
3. 부모 _____
4. 의자 _____

5. 쌀 _____
6. 설탕 _____
7. 던지다 _____
8. 아침 식사 _____

C. 다음 우리말과 뜻이 같도록 문장을 완성하시오.

1. 설거지하실래요?
  = Can you _____ the dishes?
2. 그는 키가 참 크다!
  = What a _____ man he is!
3. 아무도 나의 친구가 되기를 원하지 않아.
  = _____ wants to be my friend.
4. 우리는 흥미진진한 야구 경기를 즐겼다
  = We enjoyed an _____ baseball game.
5. 한국 사람들은 쌀밥으로 저녁 식사를 한다.
  = Korean people eat _____ with dinner.
6. 그는 어린이들 앞에서 재미있는 표정을 지었다.
  = He made a _____ face in front of the children.
7. 당신은 이 영화에서 어느 등장인물이 가장 좋아요?
  = What _____ do you like the best in this movie?

Day 030

● **Preview Check** 오늘 학습할 낱말입니다. 이미 자신이 알고 있는 낱말에 ✔해 봅시다.

☐ sing ☐ soccer ☐ pull ☐ mark
☐ bear ☐ smell ☐ soft ☐ flat
☐ gold ☐ wedding ☐ west ☐ court
☐ kid ☐ fight ☐ member ☐ empty
☐ moon ☐ grey ☐ memory ☐ feed

수능
출제
랭킹

Basic

581

sing
[siŋ]

图 sang - sung **노래하다** → song 명 노래, singer 가수
● They **sang** for the old people. 그들은 노인들을 위해 **노래**를 했다.

582

bear
[bɛər]

명 곰
● Run away if you see a bear. 네가 만약에 곰을 보면 도망가라.

583

gold
[ɡould]

명 금 → golden 형 금으로 만든
● win a **gold** medal 금메달을 획득하다

584

kid
[kid]

명 아이 图 농담하다
● I want my **kids** to be healthy. 나는 아이들이 건강하기를 바란다.
● You're **kidding**! 설마 너 농담이지?

585

moon
[muːn]

명 달
● There's no **moon** tonight. 오늘 밤에는 달이 없다.

586

soccer
[sákər]

명 축구 图 football
● Did you watch the **soccer** game last night?
어젯밤에 너는 축구 경기를 봤니?

Intermediate

587

smell
[smel]

동 smelt - smelt 냄새가 나다
● This flower smells sweet. 이 꽃은 달콤한 향기가 난다.

588

wedding
[wédiŋ]

명 결혼, 결혼식
● He invited his friends to his wedding.
그는 자신의 결혼식에 친구들을 초대했다.

589

fight
[fait]

동 fought - fought 싸우다 명 싸움
● Two boys are fighting in the park. 두 소년이 공원에서 싸운다.

590

grey
[grei]

명 회색 형 회색의, 머리가 센 동 gray
● grey hair 희끗희끗한 머리카락

591

pull
[pul]

동 당기다 동 draw, 반 push 밀다
● We pulled the rope. 우리는 밧줄을 당겼다.

592

soft
[sɔːft]

형 부드러운, 연한 반 hard 딱딱한
● His voice is very soft. 그의 목소리는 매우 부드럽다.

593

west
[west]

명 서(西) → western 형 서쪽의
● The wind is blowing from the west. 바람이 서쪽에서 분다.

594

member
[mémbər]

명 구성원, 회원
● I'm a member of the club. 나는 그 동아리 회원이다.

Advanced

595

memory
[méməri]

명 기억, 기억력 → memorize 동 기억하다
● I have no memory of my grandfather.
나는 나의 할아버지에 대한 기억이 없다.

596

mark
[mɑːrk]

동 표시하다 명 표시, 기호, 점수
- Kevin got good marks in all subjects.
  Kevin은 모든 과목에서 좋은 점수를 받았다.

597

flat
[flæt]

형 ① 평평한 ② 펑크 난
- The top of the mountain is flat. 그 산의 정상은 평평하다.

598

court
[kɔːrt]

명 ① 법원, 법정 ② 코트
- a tennis court 테니스 코트

599

empty
[émpti]

형 비어 있는, 빈 반 full 가득 찬
- That box is empty. 저 상자는 비어있다.

600

feed
[fiːd]

동 fed - fed 음식을 먹이다, 먹이를 주다 → food 명 음식
- She is feeding her baby with a spoon.
  그녀는 자신의 아기에게 숟가락으로 음식을 먹이고 있다.

중간기말에 꼭 나오는 영영풀이어 4

1. hard	very firm or solid, not easy to bend or cut
2. forget	be unable to remember
3. reduce	make something smaller
4. save	keep money in bank
5. careful	giving much attention to what you are doing
6. learn	get knowledge in a new subject or activity
7. clean	free from dirt or marks
8. parent	a person who is a father or a mother
9. invite	ask someone to come to an event such as party
10. wet	covered in or full of water or another liquid

Review Check 30

A. 다음 낱말의 우리말 뜻을 쓰시오.

1. smell _____
2. pull _____
3. soft _____
4. wedding _____
5. court _____
6. flat _____
7. memory _____
8. empty _____

B. 우리말과 같은 뜻의 영어 낱말을 쓰시오.

1. 달 _____
2. 금 _____
3. 노래하다 _____
4. 싸우다 _____
5. 곰 _____
6. 아이 _____
7. 축구 _____
8. 회색 _____

C. 다음 우리말과 뜻이 같도록 문장을 완성하시오.

1. Ellie는 기억력이 좋다.
   = Ellie has a good _____.
2. 그 극장은 반이 비어 있었다.
   = The theater was half _____.
3. 그는 그 시의 서쪽에 산다.
   = He lives to the _____ of the town.
4. 그는 그 축구부의 일원이다.
   = He is a _____ of the soccer team.
5. 타이어 중 한 개가 펑크가 났다.
   = One of the tires is _____.
6. 나는 시험에서 만점을 받았다.
   = I got full _____ in the test.
7. 그 아기는 아직 혼자 밥을 못 먹는다.
   = The baby can't _____ itself yet.

Answer Key

Review Check 01

A 1. 가지다 2. 수가 많은 3. 어떻게 4. 모든
5. 사람들 6. ~할 수 있다 7. 그러나 8. 그리고

B 1. or 2. well 3. do 4. up 5. will 6. so
7. get 8. down

C 1. When 2. than 3. many 4. If 5. What
6. As

Review Check 02

A 1. 좋아하다 2. 약간의 3. 시간 4. 알다
5. 생각하다 6. 일, 일하다 7. 다른 8. 보다

B 1. good 2. new 3. go 4. then 5. right
6. take 7. want 8. just

C 1. take 2. time 3. right

D 1. Who 2. out 3. Which 4. too

Review Check 03

A 1. 돕다 2. 사다 3. 필요하다 4. 양이 많은 5.
만들다 6. 보다 7. 사용(이용)하다 8. 하루(날,
요일)

B 1. really 2. world 3. great 4. now
5. here 6. also 7. way 8. should

C 1. place 2. part 3. at 4. after, of

D 1. very 2. Why 3. because 4. only

Review Check 04

A 1. 작은 2. 오늘 3. 말하다 4. 그러나 5. 긴
6. 같은 7. 자주(흔히) 8. 어떤 것

B 1. sometimes 2. life 3. where 4. pleased
5. before 6. each 7. come 8. please

C 1. front 2. something 3. same

D 1. Where 2. any 3. even 4. Let's

Review Check 05

A 1. 가정 2. 모든 3. 다음의 4. 다른 5. 음식
6. 연(해) 7. 찾다 8. 중요한

B 1. car 2. always 3. money 4. put
5. water 6. person 7. down 8. problem

C 1. another 2. different 3. next

D 1. Give 2. must 3. little 4. Every

Review Check 06

A 1. 음악 2. 장소 3. 수업(반) 4. 함께
5. 돌다(회전하다) 6. 유지(보관)하다
7. 느끼다 8. 수(번호)

Review Check 07

B 1. man 2. morning 3. job 4. show 5. big
6. old 7. away 8. thank

C 1. example 2. few 3. off

D 1. feel 2. never 3. turns

A 1. 주(주간) 2. 여성 3. 왼쪽(의) 4. 충분한
5 시도(노력)하다 6. 뜻하다
7. 생각(발상, 의견) 8. 과정(과목)

B 1. sorry 2. love 3. family 4. room
5. high 6. again 7. night 8. outside

C 1. course 2. night 3. both

D 1. play 2. anything 3. sorry

Review Check 08

A 1. 한 번 2. 큰(많은) 3. 거의 4. 기억하다
5. 아직(이미) 6. 혼자서 7. 묻다 8. 특별한

B 1. young 2. read 3. air 4. hard 5. live
6. city 7. light 8. house

C 1. happen 2. tell(show) 3. hard, alone
4. call 5. eat 6. Almost

Review Check 09

A 1. 시작(출발)하다 2. 틀린 3. 자유로운
4. 믿다 5. 배우다 6. 어린이 7. 늦은(지각한)
8. 모든 것

B 1. talk 2. bad 3. book 4. kind 5. friend
6. pay 7. group 8. company

C 1. already 2. until 3. mind 4. things
5. kind 6. late

Review Check 10

A 1. 듣다 2. 일찍(이른) 3. 시간 4. 내일
5. 떠나다 6. 가져오다 7. 가능한 8. 이해하다

B 1. nice 2. body 3. store 4. enjoy 5. art
6. hope 7. hand 8. future

C 1. understands 2. far 3. nothing 4. trip
5. check 6. left

Review Check 11

A 1. 걱정하다 2. 움직이다 3. 결과 4. 어려운
5. 영화 6. 사무실 7. 머물다 8. 오후

B 1. happy 2. meet 3. age 4. team
5. name 6. open 7. stop 8. easy

C 1. side 2. real 3. side

D 1. Everyone 2. result 3. face

Review Check 12

A 1. 문제(일) 2. 소비하다 3. 건강 4. 소리(건전한) 5. 달(월) 6. 기다리다 7. 고르다 8. 따다
B 1. paper 2. fish 3. write 4. park 5. full 6. visit 7. busy 8. beautiful
C 1. ago 2. fishing 3. half
D 1. paper 2. matter 3. point 4. fine

Review Check 13

A 1. 나라(국가) 2. 인기 있는 3. 그림(사진) 4. 관광 5. 권력(힘) 6. 추측(생각)하다 7. 준비가 된 8. 비용(이 들다)
B 1. poor 2. word 3. sea 4. case 5. top 6. door 7. son 8. short
C 1. walk 2. picture 3. words
D 1. cost 2. head(go) 3. near 4. moment

Review Check 14

A 1. 과학 2. 마음(심장) 3. 꽤(아주) 4. 식물 5. 우주(공간) 6. 심각한 7. 아마 8. 날씨
B 1. tree 2. cold 3. student 4. watch 5. close 6. forget 7. send 8. reporter
C 1. close 2. space 3. plant 4. famous
D 1. interesting 2. wonderful 3. rest 4. cold

Review Check 15

A 1. 지구 2. 안으로 3. 지배(하다) 4. 비싼 5. 계획(하다) 6. 원인 7. 자리 8. 비행(편)
B 1. story 2. dinner 3. line 4. animal 5. wind 6. travel 7. clean 8. run
C 1. yesterday 2. present 3. size 4. glasses 5. run 6. ran

Review Check 16

A 1. 확실한 2. 거리 3. 소도시 4. 강한 5. 목소리 6. 대학 7. 연습하다 8. 상상하다
B 1. sleep 2. hot 3. doctor 4. evening 5. table 6. speak 7. station 8. fact
C 1. birthday 2. Excuse 3. station 4. process 5. fact 6. social

Review Check 17

A 1. 우편(물) 2. 자라다 3. 옷 4. 무게 5. 듣다 6. 질문 7. 대답(하다) 8. 떨어지다
B 1. black 2. bed 3. market 4. lunch 5. fun 6. center 7. perfect 8. library
C 1. pretty 2. illegal 3. fun 4. letter 5. cut

Review Check 18

A 1. 병원 2. 매우 좋아하는 3. 신문 4. 주말 5. 구하다 6. 잡다 7. 자연 8. 유형
B 1. land 2. color 3. dark 4. tired 5. box 6. shop 7. fast 8. hair
C 1. vacation 2. blood 3. wear 4. lost 5. saved

Review Check 19

A 1. 바라다 2. 곤충 3. 문화 4. 섬 5. 바닥 6. 돌아오다 7. 땅바닥 8. 위험한
B 1. brown 2. drive 3. shoes 4. wide 5. tonight 6. drink 7. follow 8. welcome
C 1. act 2. break 3. wide 4. save 5. rides 6. fire 7. floor

Review Check 20

A 1. 깊은 2. 경관(관점) 3. 숲 4. 분 5. 여러 가지의 6. 최근에 7. 외국의 8. 생산하다
B 1. hat 2. eye 3. rain 4. slow 5. ball 6. hit 7. river 8. level
C 1. rains 2. Fill 3. piece 4. foreign 5. recently 6. flying 7. join

Review Check 21

A 1. 꿈 2. 마침내 3. 이끌다 4. 아내 5. 놓치다 6. 동의하다 7. 조언 8. 규칙
B 1. road 2. train 3. begin 4. kitchen 5. low 6. carry 7. stand 8. list
C 1. touch 2. daughter 3. mountain 4. restaurant 5. advice 6. agree 7. stand

Review Check 22

A 1. 경찰 2. 열 3. 경연 4. 받다 5. 행사
6. 다치게 하다 7. 관심 8. 온도
B 1. clear 2. warm 3. angry 4. sick 5. hall
6. build 7. window 8. museum
C 1. baby 2. event 3. hurt 4. fruits 5. sick
6. gas 7. safe

Review Check 23

A 1. 잡다 2. 맛보다 3. 끝내다 4. 받아들이다
5. 신선한 6. 판매 7. 가르치다 8. 시험
B 1. sky 2. sit 3. glad 4. green 5. horse
6. star 7. south 8. beach
C 1. fresh 2. wonder 3. clap 4. teaches
5. basketball 6. test(exam) 7. accept

Review Check 24

A 1. 속도 2. 소음 3. 병 4. 밑바닥 5. 죽은
6. 지하철 7. 바다 8. 여성
B 1. ticket 2. heavy 3. sell 4. reach 5. tea
6. desk 7. cool 8. win
C 1. noise 2. win 3. board 4. festival
5. reach 6. dropped 7. baseball

Review Check 25

A 1. 조심하는 2. 고기 3. 모퉁이 4. 날짜
5. 주요한 6. 어른 7. 초조한 8. 어쨌든
B 1. north 2. dry 3. smile 4. hungry
5. blue 6. race 7. prepare 8. search
C 1. comfortable 2. husband 3. straight
4. prepare 5. search 6. date 7. hurry

Review Check 26

A 1. 더하다 2. 통과하다 3. 공항 4. 보통의
5. 야생의 6. 그리다 7. 갑자기 8. 계속하다
B 1. flower 2. lake 3. season 4. boat
5. snow 6. dance 7. rich 8. die
C 1. wild 2. clock 3. bathroom 4. continue
5. artist 6. Everybody 7. suddenly

Review Check 27

A 1. 휴식하다 2. 올바른 3. 줄이다 4. 약속
5. 기록 6. 일반적인 7. 비밀 8. 주소
B 1. farm 2. plane 3. gate 4. garden
5. jump 6. rock 7. wall 8. bright
C 1. key 2. relax 3. pocket 4. lucky
5. promise 6. address 7. neighbor

Review Check 28

A 1. 약한 2. 수영하다 3. 봉사하다 4. 존경하다
5. 복사하다 6. 정상적인 7. 나타나다 8. 탁월한
B 1. mouth 2. milk 3. sad 4. cat 5. soil
6. cover 7. sweet 8. toy
C 1. homework 2. normal 3. covered
4. arrive 5. useful 6. holiday
7. appeared

Review Check 29

A 1. 동쪽 2. 아주 작은 3. 앞으로 4. 과목
5. 요리하다 6. 수업 7. 위험 8. 특징
B 1. chicken 2. wash 3. parents 4. chair
5. rice 6. sugar 7. throw 8. breakfast
C 1. wash(do) 2. tall 3. Nobody 4. exciting
5. rice 6. funny 7. character

Review Check 30

A 1. 냄새가 나다 2. 당기다 3. 부드러운 4. 결혼
5. 법정(코트) 6. 평평한 7. 기억 8. 비어있는
B 1. moon 2. gold 3. sing 4. fight 5. bear
6. kid 7. soccer 8. grey
C 1. memory 2. empty 3. west 4. member
5. flat 6. marks 7. feed

INDEX

memo